El idioma del amor

Recursos por Les y Leslie Parrott

El controlador (por Les)
La buena pelea
Cómo mantener relaciones con personas difíciles (por Les)
Hoy te amo más que ayer (con guías de estudio y video)
Un amor como ese (por Les)
El devocional del idioma del amor
Matrimonios felices
El padre que quieres ser
Asegure el éxito en su matrimonio antes de casarse (con guías de estudio y video)
Devocional: Asegure el éxito en su matrimonio antes de casarse
Tú importas más de lo que crees (por Leslie)

DRES. LES Y LESLIE PARROTT

El idioma del amor

HABLE EL IDIOMA DE SU PAREJA
COMO NUNCA ANTES

Tyndale House Publishers
Carol Stream, Illinois, EE. UU.

Visite Tyndale en Internet: tyndaleespanol.com y BibliaNTV.com.

TYNDALE y el logotipo de la pluma son marcas registradas de Tyndale House Ministries.

El idioma del amor: Hable el idioma de su pareja como nunca antes

Originalmente publicado en inglés en el 2004 como *Love Talk* por Zondervan con ISBN 978-0-310-35352-2.

Diseño: Alberto C. Navata

Traducción al español: Patricia Cabral

Edición en español: Remedios Lérida de Richard

Para información acerca de descuentos especiales para compras al por mayor, por favor contacte a Tyndale House Publishers a través de espanol@tyndale.com.

ISBN 978-1-4964-5270-2

Impreso en Estados Unidos de América
Printed in the United States of America

27 26 25 24 23 22 21
7 6 5 4 3 2 1

Para Jim y Joy Zorn

Oramos para que cada uno disfrute para siempre

del regalo de El idioma del amor

¿Está buscando la manera de que sus conversaciones sean más profundas?

¿Sabe cuándo hablar y cuándo cerrar la boca?

¿Ha descifrado el código del estilo de comunicación de su cónyuge?

¿Está evitando el peor error en la comunicación que comete la mayoría de las parejas?

¿Llega a sentir que su cónyuge habla otro idioma?

Si es así, está listo para leer *El idioma del amor*.

CONTENIDO

PRIMERA PARTE

Hablemos de la conversación

Lo que le dice a su pareja, y la manera en que se lo dice, es la influencia más importante que tiene en su relación. Su vida amorosa se hundirá o nadará según lo bien que se comunique.

CAPÍTULO UNO

¿PODEMOS HABLAR?

Por qué escribimos este libro

La vida es profunda y simple,
y lo que nos da nuestra sociedad
es superficial y complicado.
FRED ROGERS

HABLAMOS MUCHO SOBRE LA CONVERSACIÓN.

En prácticamente todos los rincones imaginables de los Estados Unidos de América y en varios lugares alrededor del mundo, Les y yo hemos explicado técnicas y herramientas para mejorar la comunicación en la pareja. Sería imposible calcular la cantidad de veces que una pareja ha venido a nuestra oficina de consejería después de una crisis de comunicación y nos han dicho la típica frase: «Nos resulta imposible comunicarnos».

Decir que hablamos un montón sobre la conversación es quedarse corto. De hecho, hablamos tanto del tema que, en muchas ocasiones, consejeros, asistentes a seminarios y editores nos han preguntado por qué nunca escribimos un libro sobre la comunicación. Y nuestra respuesta siempre ha sido la misma: porque ya hay muchos libros buenos dando vueltas, y hasta que tengamos algo innovador que decir sobre el tema, no nos sentimos impulsados a escribir al respecto. Al fin y al cabo, hacíamos lo mejor posible para poner en práctica, en nuestro propio matrimonio, los principios y las técnicas que otros especialistas habían propuesto. De todas maneras, y para ser sinceros, no siempre nos iba bien. Y, aun cuando lo hacíamos bien, solíamos darnos cuenta de que queríamos algo más, algo más profundo que conectara nuestros espíritus. ¿Acaso no es ese el objetivo de llegar a ser almas gemelas? La comunicación con la persona amada es más que el mero intercambio de palabras, aunque se haga con elegante habilidad. La comunicación, si se usa para aprovecharla al máximo, contiene la promesa de unir a las dos personas a un nivel tan profundo, que cualquiera que lo viera desde afuera no podría comprenderlo verdaderamente.

Entonces, empezamos a descifrar el código de las conversaciones significativas. Queríamos aprender a hablar el idioma del otro como nunca lo habíamos hecho. Al menos, así es como lo expresa Les. Yo lo veo más como descubrir parte del profundo misterio de la relación entre un hombre y una mujer, sabiendo, al mismo tiempo, que esta relación es demasiado compleja y multifacética para codificarla completamente. El punto es que durante más de diez años hemos estado atentos a este secreto, aparentemente esquivo, de la comunicación profunda y significativa (algo que ambos anhelábamos). Queríamos encontrar la manera de volvernos más comprensivos y ser mejor entendidos. Tomamos la decisión de no desviarnos con nada trivial ni complicado, así que estábamos en la búsqueda de un plan profundo y sencillo para que nuestra comunicación pasara de ser buena a excelente. Si, en el camino, descubríamos una técnica nueva o un método ingenioso, le prestábamos atención, pero las técnicas nuevas no eran nuestra meta principal. Queríamos llegar al centro de la cuestión. No nos conformaríamos con un simple puñado de pepitas; buscábamos la mina de oro: *el* secreto de una mejor comunicación[1].

Y la encontramos. El libro que tiene en sus manos es el resultado de muchos años de investigación y le revelará exactamente lo que descubrimos: un plan profundo y sencillo para todo lo que la conversación en amor tiene para ofrecer. Lo llamamos el idioma del amor.

Qué placer es ver a quienes amamos y, luego, tener unas palabras con ellos.
Vincent McNabb

¿Cuál es la meta?

Permítanos acompañarlo por un momento e imaginar en qué lugar está. Puede recién estar empezando a salir con alguien, o a punto de comprometerse con su pareja. Puede estar cursando los primeros años de su matrimonio, o tener ya varias décadas en su haber. Podría estar en su segundo matrimonio, haciendo el esfuerzo de integrar a la familia. Quizás, esté en un grupo pequeño con otras parejas, o en un curso para mejorar su matrimonio. Sea cual fuere el lugar donde se encuentre hoy, sepa que hemos escrito y reescrito estas palabras teniéndolo a usted en mente. Hemos revisado cada capítulo y cada párrafo, poniéndonos (lo mejor que podíamos) en su lugar. Queremos que este libro sea una herramienta eficaz para cada una y todas las parejas que quieren hallar una manera mejor de hablar el idioma del otro.

Queremos que se entiendan mutuamente a fondo, tanto como sus estilos de comunicación. No deseamos, simplemente, trasferir algunas técnicas nuevas para que pruebe durante un tiempo y vea si funcionan; anhelamos darle una experiencia que lo lleve a un nuevo nivel en la comunicación, más profundo que nunca. Queremos que, después de leer este libro, disfrute la incomparable comodidad de decir lo que piensa y de revelar lo que hay en su corazón. Le daremos un medio para comunicarse, como nunca antes tuvo.

Entonces, con este objetivo en mente, queremos proponerle el primer desafío. Después de trabajar con muchas parejas, estamos convencidos de que es mucho más probable que quiera mejorar su situación y cumplir sus metas comunicativas personales si las expresa claramente. Por eso, lo animamos, ahora mismo, a que se tome algunos minutos para relatar por escrito, en una o dos frases, cuál es su meta personal al leer este libro. ¿De qué manera le gustaría que su comunicación fuera distinta, como resultado del tiempo que le dedicará a estas páginas? Exprese su meta de manera específica y concreta. Por ejemplo, podría desear una conversación que le permita hablar con libertad sobre un asunto difícil que ha estado en su corazón. O, tal vez, quiera hablar con su pareja sobre disciplinar a sus hijos sin que haya una fuerte discusión. Quizás, simplemente quieran disfrutar de una conversación tranquila durante la cena, tres veces por semana. Vaya al punto. El primer ejercicio de la *Guía de estudio* de *El idioma del amor* le brindará una estructura útil para tomar nota de sus metas y le enseñará más específicamente cómo puede marcar sus avances.

Todos los ejercicios que le indicaremos en este libro se encuentran en las guías de estudio de *El idioma del amor* que acompañan a este libro (hay una guía de estudio para varones y otra para mujeres); de manera que pueden realizar los ejercicios de manera independiente y, luego, discutirlos. Las guías de estudio están disponibles en su librería local o en TyndaleEspanol.com.

Ejercicio 1

Llegar adonde quiere ir

Antes de avanzar en este capítulo, le pedimos que analice dónde se encuentra y dónde quiere estar. Este primer ejercicio de la guía de estudio preparará el terreno para el trabajo que hará en los próximos capítulos.

Hemos reducido deliberadamente este libro a un tamaño manejable. No nos interesa sobrecargarlo de información y, por cierto, no queremos enredarlo ni agotarlo en el transcurso. Lo diremos directamente: una vez que usted y su cónyuge descubran el secreto del idioma del amor, creemos que sus conversaciones nunca serán las mismas.

CAPÍTULO DOS

EL ELEMENTO VITAL DE LAS RELACIONES

Por qué la comunicación es vital para su vida amorosa

Escuchar con atención y responder bien es la máxima perfección que somos capaces de lograr en el arte de la conversación.

FRANÇOIS DE LA ROCHEFOUCAULD

—¿JACKSON ESTÁ ENCANDILADO POR EL SOL?

—No, creo que está un poco molesto —respondí, echando un vistazo a nuestro hijo por el espejo retrovisor—. ¿Qué hay para cenar esta noche?

—¡¿Cenar?! Nuestro hijo agoniza de dolor, ¿y tú piensas en la comida?

No era necesario que Leslie hiciera esta pregunta retórica. Yo ya había recibido el mensaje fuerte y claro desde el momento en que se desabrochó el cinturón de su asiento y se arrastró al asiento trasero del carro para proteger contra el más mínimo rayo de sol a nuestro segundo hijo.

—¿Estás bien? —pregunté y la miré por el espejo retrovisor.

Leslie se limitó a entornar los ojos hacia arriba.

—Si querías que le ajustara la visera, ¿Por qué no me lo pediste?

—Lo hice.

—No —dije yo con la seguridad de un abogado caro—. Me preguntaste si la luz del sol estaba molestando a Jack.

—Exactamente. Te pedí que te estiraras hacia atrás y te aseguraras de que el sol no lo molestara, levantándole la visera. ¡Pareciera que tengo que explicarlo palabra por palabra!

—No sería una mala idea —murmuré entre dientes.

—¿Qué? —preguntó Leslie.

No hubo respuesta. Mantuve los ojos fijos en la carretera, como si, de pronto, el conducir demandara toda mi atención.

—¿Dijiste algo? —me preguntó ella otra vez.

—No. En realidad, no.

En ese momento, nuestro bebé había dejado de llorar. Supuse que eso tenía alguna relación con la visera que había en su silla infantil, y Leslie y yo íbamos callados.

Habían pasado un par de minutos, cuando Leslie dijo una sola palabra:

—Tacos.

Dudé. Entonces, me crucé con su mirada en el espejo retrovisor.

—Me parece bien —dije con una sonrisa.

Esta conversación que tuvimos sucedió ayer a la tarde, cuando íbamos tranquilos y de paseo a un parque cerca de casa. No estábamos presionados por la situación. No había ningún embotellamiento. Era apenas era una escapadita alegre con nuestros hijos. O, al menos, eso pensábamos.

Pero ¿por qué ese tropiezo en nuestra comunicación? ¿Cómo un breve intercambio de palabras se volvió confuso tan rápidamente?

La verdad es que hemos aprendido a no dejar que nuestra conversación se enrede con comunicados cruzados. Al fin y al cabo, hace veinte años que estamos casados. Aconsejamos a otras parejas. Damos seminarios matrimoniales en todo el país. Créame, tenemos las herramientas necesarias; conocemos las técnicas. Entonces, ¿cómo pudimos dejar que una conversación aparentemente simple se malograra así? Por supuesto, la recuperamos enseguida y seguimos adelante; al menos, en esta ocasión. Las necesidades de Jackson fueron atendidas y cenaríamos tacos. Caso cerrado. La mala comunicación era una mancha diminuta en la foto panorámica de nuestro día. Fue archivada rápidamente como un traspié menor, para no ser mencionada nunca más. ¿O acaso no fue tan menor, realmente?

Los estudios demuestran que estos tropiezos, aparentemente insignificantes en la comunicación, tienen un efecto más importante del que usted podría registrar. Cada mensaje que se malogra, por pequeño que sea, inscribe una notita en su relación: «Mi pareja no me entiende». Puede que no sea consciente ni verbalizado, pero es percibido. Y, con el tiempo, cuando una pareja sufre suficientes de estas rupturas en la comunicación, el retraimiento y la soledad están destinados a colarse.

Por el contrario, cuando usted y su cónyuge se comunican bien, cuando tararean al unísono y en sintonía, en su relación hay una inscripción permanente que es invaluable: «Me conoce y me entiende». Esa sensación de estar en la misma onda, de hablar el mismo idioma que el otro (fluidamente), es de lo que se trata este libro.

Por encima de cualquier otro indicador, las parejas evalúan la profundidad de la conexión que tienen según lo satisfactorias que sean sus conversaciones. Y con justa razón. Es un excelente termómetro de nuestro vínculo. Pero es habitual que algunas parejas subestimen la importancia del hablar. «Nuestra comunicación es buena», puede decir la esposa. «El problema es que él está demasiado apegado a su madre». Muy bien. Tal vez, ese sea un factor. Y es apropiado analizar psicológicamente la dinámica de la relación, pero créanos cuando decimos que examinar cómo nos hablamos el uno al otro es más eficaz que cualquier psicología barata. Algunas personas no pueden creer que algo tan simple como entender nuestros estilos de hablar (a lo cual llegaremos en la Segunda Parte) pueda transformar la relación. Pero así es. Estudio tras estudio indican que mejorar su comunicación aporta más calidad a su relación que cualquier otra cosa que haga.

Prefiero que disienta conmigo alguien que me entiende, a que coincida conmigo alguien que no me entiende.
James D. Glasse

Seamos realistas

—No soporto que me mires así —le dije a Les mientras hurgaba dentro de mi bolso buscando un trozo de papel que tenía las indicaciones para llegar a un lugar.

—¿Así cómo? —preguntó Les con los ojos fijos en la carretera que tenía adelante.

—Sabes perfectamente cómo: esa mirada que dice que estoy tardando —le contesté.

—Yo no dije una palabra —respondió Les.

—Exactamente —dije—. Tu rostro lo dijo por ti.

—Supuse que sabías adónde debíamos ir, ya que dijiste que tenías las indicaciones.

—Sí, pero eres tan desdeñoso cuando me miras así.

—Podría decir lo mismo de ti, pero... —La frase de Les se apagó cuando los dos vimos un letrero excepcionalmente grande, apenas a unos pocos metros de nuestro carro, que decía: «Cómo convertirnos en almas gemelas, con los doctores especialistas Les y Leslie Parrott».

Era un sábado a la mañana en Portland, Oregón, y varios cientos de parejas se habían reunido y pagado un buen dinero para escuchar lo que «los especialistas» tenían que decir sobre el amor y las relaciones (¡siempre y cuando «los especialistas» pudieran llegar al lugar sin echarse la bronca uno al otro!).

—Sigue conduciendo y ya —le dije a Les. Y eso hizo. Dio vueltas por esa cuadra al menos cuatro veces, antes de que estuviéramos en condiciones de llevar a cabo la actuación (y lo digo con toda intención, por lo menos, al principio) juntos.

Somos los primeros en reconocer que nuestra comunicación como pareja no es perfecta. Muy lejos de serlo. Ese día en Portland fue hace ocho años, pero todavía podemos ser tan propensos, como cualquier pareja, a los comentarios sarcásticos y a la mala comunicación. Sin embargo (afortunadamente), esos momentos no son tan frecuentes como solían ser.

Es obvio que no prometemos impedir cualquier fracaso de comunicación que pueda ocurrir entre dos personas, pero en este libro queremos mostrarle exactamente cómo puede aumentar su diálogo positivo y disminuir el negativo. Tenemos la intención de compartir con usted el secreto de la comunicación, el idioma del amor, y es algo que no encontrará en ningún otro libro. Hemos estado desarrollando este método a lo largo de muchos años, y esto no solo revolucionó nuestra relación, sino la de cientos de parejas a las cuales se lo enseñamos sobre la marcha.

Sin embargo, antes de empezar, queremos determinar su

coeficiente intelectual comunicacional usando la guía de estudio. Esto le dará una referencia para medir su éxito a medida que avanza en estas páginas. Aquí, desde el principio, también queremos recalcar lo vital que es para su relación la comunicación de calidad, y mostrarle hasta qué punto la mala comunicación puede arruinar una buena relación. Concluiremos este breve capítulo con una explicación de porqué tantas técnicas para conversar pueden ser insuficientes. En otras palabras: si usted ya intentó practicar un método o un procedimiento de comunicación que no cumplió lo prometido, le mostraremos por qué fue así.

Ni bien permite que una palabra se escape, ya no es posible recuperarla.
Horacio

Ejercicio 2

Evalúe su CI comunicacional

Veamos, ¿cómo está su vida conversacional? ¿Ha logrado dominar las reglas básicas de una buena comunicación? Una evaluación rápida y fácil revelará cuán bien se comunica actualmente. Las *Guías de estudio* de *El idioma del amor* para varones y para mujeres, que vienen con este libro, le facilitarán dicha evaluación.

Dispuestos a hablar y sin nada que decir

Es la noche de salir en pareja. Luego de una semana de hacer malabares con los horarios, luchar con el tránsito, pagar las cuentas y todo lo demás, salen a cenar juntos, ustedes dos solos. O, tal vez, están para charlar un rato relajados, bebiendo una taza de café en un Starbucks. Cualquiera sea el plan, finalmente, se sientan a (*redoble de tambores*) conversar. Es su oportunidad para conectarse, hablar, ponerse al día.

—¿Y bien? ¿Cómo estuvo tu día hoy? —le pregunta a su esposo.

—Bien. Estuvo bien.

—¿Qué pasó?

—En realidad, lo mismo de siempre. Nada nuevo.

—¿No es genial que, por fin, tengamos un rato para nosotros? —dice usted, sin dejarse desanimar por el tropiezo preliminar de lo que seguramente será una conversación significativa y franca.

—Sí —dice él, recorriendo el restaurante con la vista.

—Pareces distraído.

—No. Para nada. Me preguntaba si el partido habría terminado y quién ganó.

—Ah, de acueeerdo —dice usted lentamente, levantando el tono de voz como si estuviera arrastrando el mundo entero.

Él toma nota del mensaje y procura darlo vuelta. —En realidad, no importa quién haya ganado el partido. Charlemos.

Ahí es cuando se miran inexpresivamente uno al otro y se preguntan de qué tienen que hablar. En alguna parte de sus cuerdas vocales, hay una acumulación de palabras preparadas y listas para un excelente diálogo; sin embargo, no sale nada. Entonces, bebe su café a sorbos y se devana los sesos pensando en el comienzo de una conversación positiva.

Si cree que ya lo sabe, digámoslo claramente: el problema número uno que informan las parejas es «una ruptura en la comunicación». Y con un buen motivo. Que una relación naufrague o se mantenga a flote depende de la efectividad de sus integrantes para enviar y recibir los mensajes, así como de lo bien que usen sus conversaciones para entender y ser entendidos. Piénselo. Si usted se siente cercano a su cónyuge de una manera especial, es porque tienen una buena comunicación. Tienen la moral alta. Su vida amorosa está plena. Están en armonía. Y cuando la comunicación fracasa, cuando se sienten atascados y dan vueltas hablando siempre sobre lo mismo, la satisfacción de la relación decae. La comunicación, más que cualquier otro aspecto de su relación, puede mantener a flote la intimidad en la relación, o puede ser un peso muerto que la lleve a su ocaso.

Cómo la mala comunicación puede arruinar una buena relación

Reiteradamente, hemos visto que las vías deficientes de comunicación estropean una relación que podría ser sólida: ambos cónyuges se esfuerzan por verbalizar lo que quieren o lo que necesitan en la relación, pero nunca se dan cuenta de que están hablando un idioma que el otro no comprende. Decepcionados, se ponen a la defensiva uno contra el otro y se vuelven circunspectos. Dejan de contarse secretos, se resguardan tras sus muros y se aíslan emocionalmente de su propia relación. No pueden hablar sin ser culpados por algo; entonces, dejan de escuchar.

Es difícil exagerar la importancia de la comunicación en cualquier relación, pero, sobre todo, en el matrimonio. Casi todas las parejas (el 97%) que califican como excelente la comunicación con su cónyuge son felices en su matrimonio, en comparación con un porcentaje de apenas el 56% de las que estiman que su comunicación es insuficiente. La encuesta concluye: «En una era de matrimonios cada vez más frágiles, la capacidad de comunicación de la pareja es la contribución más importante para que el matrimonio sea estable y satisfactorio»[1].

Las relaciones amorosas se sustentan mediante el lenguaje: cuando hablamos con nuestra pareja, buscamos señales de amor, pero nos acostumbramos a los gestos de desaprobación. Al fin y al cabo, nuestra relación es la clavija en la cual colgamos nuestro sentido de quién somos. En otras palabras: nuestra identidad misma está en riesgo cuando no nos sentimos comprendidos ni amados por nuestro cónyuge. Este es el punto crucial de cómo la mala comunicación echa a perder una buena relación. Como si eso no bastara, las escasas conversaciones fácilmente pueden inclinar la balanza para que nos sintamos incomprendidos; especialmente, cuando nos acostumbramos a cualquier asomo potencial de desaprobación.

Quizás, el ejemplo más doloroso de esta dinámica se encuentre en el tipo de mensaje que combina la preocupación con la crítica.

—¿De verdad necesitas otro tazón de helado? —le pregunta Olivia a Michael cuando lo ve dando vueltas por el refrigerador.

—Más vale que sí —responde él, con tono de estar diciendo: «Si antes lo dudaba, ahora estoy completamente seguro»—. ¿Por qué siempre estás vigilando lo que como?

—Porque te amo —dice ella con sinceridad—. Naturalmente, estoy pendiente de ti.

Es una simple pregunta sobre el helado, ¿verdad? En absoluto. Mientras que ella se propone ayudarlo a mejorar su dieta, él siente que lo critica por comer demasiado (y termina sintiéndose juzgado, distante e incomprendido).

Observe cómo son las cosas en esta pareja cuando los roles se invierten:

—Las toallas de nuestro baño ya necesitan un recambio y un lavado —observa Michael.

Más allá de cuál haya sido la intención al decirlo, lo que Olivia escucha es: «No te estás esforzando mucho por mantener limpia la casa».

El sentimiento de ser desaprobada no viene del mensaje, de las palabras dichas, sino de la sintonía que tiene Olivia con la desaprobación. De ahí que la observación, aparentemente simple, la lleve a sentir que no consigue la aprobación de la persona que más le importa que la apruebe.

El carácter de un hombre se conoce por sus conversaciones.
Menandro

Por eso, lo diremos otra vez: las relaciones amorosas se sustentan mediante el lenguaje. Pero el mero intercambio de información (más allá de lo bien que sea comunicada) no basta para mantener viva una relación de amor.

Mantenerse informado ≠ mantenerse en contacto

A mediados del siglo XIX, Ralph Waldo Emerson registró una queja lírica sobre la naturaleza opresiva del mundo material: «El lienzo al tejido y el maíz al molino; las cosas están en la montura, y conduce el hombre». ¿Qué me dice de su poeta sensible? Si a Emerson le parecía que una maquinaria tan modesta como los molinos de granos eran deshumanizantes, ¿cómo soportaría los artefactos de la actualidad? Hoy en día, estamos atados a las computadoras, a los teléfonos celulares y a los localizadores. Podemos hacer llamadas desde los aviones y reunirnos en tiempo real con la participación de miembros que están en diversas ciudades. Los avances en la comunicación tecnológica son extraordinarios. Sin embargo, todos estos instrumentos no han hecho nada para asegurar una mejor comunicación entre las personas y, mucho menos, entre las parejas.

Mientras yo (Les) escribo estas palabras en mi computadora, una banderita electrónica que aparece en la línea base de mi pantalla me indica que Leslie está en su computadora, en otro cuarto de la casa. Como su portátil está conectada de manera inalámbrica, podría encontrarse incluso en el jardín. Me ha enviado un mensaje, que leeré en cuanto me sea conveniente. Si estoy en una reunión y quiero mandarle un mensaje discreto, puedo usar las teclas de mi teléfono celular, presiono «Enviar» y ella lo verá de inmediato. Hoy, más que nunca, es fácil mantenerse comunicado. Pero estar comunicado no es lo mismo que comunicarse; al menos, no para las parejas. La comunicación de pareja requiere de una serie de capacidades que nunca podrá ser reemplazada por ninguna tecnología. Lo diremos una vez más: la buena comunicación requiere de capacidades fundamentales y fáciles de aprender (habrá más sobre este tema en el capítulo siguiente). Son esenciales para aprender cómo hablar con su pareja para que lo escuche y cómo escuchar a su pareja para que hable con usted. Pero no basta con las capacidades.

Suponemos que sabe exactamente a qué nos referimos. Dado que usted distingue el valor inherente que tiene la buena comunicación (si no lo hiciera, no estaría leyendo este libro), es probable que haya leído otros libros sobre el tema, o que haya asistido a seminarios que le han ofrecido técnicas para ayudarlo a mejorar la comunicación. Pero, si usted es como nosotros y como otras parejas a las cuales hemos aconsejado, posiblemente sienta que las técnicas no siempre cumplen lo prometido. Quizás, se haya sentido un poco robotizado o falso cuando trataba de seguir el procedimiento apropiado. Si fue así, tenemos que hablar.

Ejercicio 3

Las fortalezas comunicativas actuales de su pareja

A menudo, es útil considerar qué funciona y qué no, en términos específicos, para usted y su cónyuge. Este breve ejercicio que se encuentra en las guías de estudio para varones y para mujeres les ayudarán a destacar qué funciona bien en su comunicación y, también, les hará ver las señales de alerta sobre los posibles quiebres en la comunicación.

Por qué las técnicas para hablar pueden ser insuficientes

Estábamos sentados en el aeropuerto, esperando un avión, cuando una mujer se acercó a nosotros. «Ustedes son Les y Leslie, ¿verdad?». Prosiguió a decirnos que ella y su marido nos habían escuchado hablar en Houston, un par de meses antes. Dijo algunas palabras amables sobre la experiencia y, entonces, confesó: «Hemos estado haciendo los ejercicios para la comunicación que enseñaron ustedes, pero no funcionan».

Su confesión era sincera, para nada acusatoria. Simplemente, se sentía desconcertada porque estaba poniendo en práctica lo que había aprendido a hacer y no veía resultados. Nos dijo cómo «devolvía el reflejo» de los sentimientos de su compañero, cómo esclarecía lo que él expresaba y lo reformulaba con otras palabras. No obstante, después de algunos minutos, pudimos ver con claridad lo que estaba sucediendo: era tan intensa en su determinación de *concretar* la comunicación, que estaba descuidando *ser* una buena comunicadora. En otras palabras: hacía lo correcto por los motivos equivocados. No era genuina. Estaba más preocupada por practicar un método que por entender a su compañero. Y él se daba cuenta claramente. Lo mismo podría sucederle a usted con su cónyuge.

Todos tenemos un radar incorporado que detecta la falsedad, que reconoce los sentimientos artificiales y las intenciones no sinceras, mucho antes de que se expresen abiertamente. Su cónyuge no confiará en usted si no es auténtico. Sin autenticidad, prácticamente nada más importa en los asuntos matrimoniales, en especial, cuando se trata de la comunicación.

¿Cómo se manifiesta la autenticidad? No con palabras. Lo que usted le dice a su cónyuge es mucho menos importante que cómo se lo dice: con una sonrisa, encogiendo los hombros, frunciendo el ceño o con una mirada fulminante. Tenga en cuenta lo siguiente: la comunicación no verbal representa el 58% del mensaje. El tono de la voz constituye el 35% del mensaje. Las palabras reales que usted dice representan solo un 7% del mensaje completo[2].

Mire dos escenarios que involucran la misma frase dicha por un esposo: «Realmente, espero que lleguemos a horario al restaurante».

En la primera escena, el marido dice esto en un tono exasperado, apoyándose contra el marco de la puerta del baño con los brazos cruzados mientras observa a su esposa, quien está arreglándose frente al espejo.

En la segunda escena, el marido dice esta frase mientras su esposa está haciendo lo mismo. Pero lo dice con entusiasmo, parado detrás de ella y apretándole suavemente los hombros con sus manos mientras le sonríe a través del espejo.

Son las mismas palabras, así que el significado es el mismo, ¿no es así? Digamos que no. Las palabras apenas son una fracción del mensaje.

La autenticidad se manifiesta mediante el tono de voz, el comportamiento no verbal, los ojos y la postura. Los estudios han descubierto que los hombres y las mujeres son intérpretes precisos de la comunicación no verbal de su cónyuge. Es posible que un conocido no perciba algún cambio sutil en la expresión de su rostro, pero su cónyuge sí lo hará.

Puede utilizar todas las técnicas de comunicación que haya en el mundo, pero, si no es auténtico, las técnicas no servirán. La autenticidad es algo propio de usted, no algo que hace. Viene del corazón, no de la cabeza.

Como psicólogo (Les) y terapeuta matrimonial y familiar (Leslie), podemos decirle que casi todos los problemas de comunicación en las parejas tienen su origen en la falta de autenticidad. La autenticidad es la base de la buena comunicación.

Quizás, no quiera escuchar esto. Tal vez, simplemente procure una nueva táctica verbal, más técnicas y herramientas. Ya llegaremos a eso. Pero tenemos que dejar perfectamente en claro lo siguiente: es más importante quién es usted que lo que hace en materia de comunicación. Usted puede entrenarse en grandes técnicas comunicativas y, de todas maneras, terminar sonando nada más que como un «platillo que hace ruido». Así es como lo expresa Pablo en su famoso poema al amor en su Carta a los Corintios[3].

Como parte de un ejercicio para asimilar este texto tan popular de la Biblia, una vez escribimos una interpretación personal sobre él, con un giro nuevo. Una parte decía: «Si voy a encuentros matrimoniales y leo libros sobre el matrimonio para aprender nuevas tácticas verbales, pero no soy auténtico, no soy más que una grabadora molesta que reproduce los mensajes de mi cónyuge».

Entienda la idea. El resto de este libro se afirma sobre el supuesto de que usted *genuinamente* quiere entender a su cónyuge. Si no es así, no encontrará libro en todo el mundo que lo ayude a comunicarse mejor. Pero si verdaderamente apuesta a llevar la comunicación a un nivel completamente nuevo, está listo para el idioma del amor.

Ejercicio 4

Seamos realistas

Dado que la autenticidad es primordial para la buena comunicación, queremos brindarles un ejercicio breve para ayudarlos a acceder a esta cualidad importante que hay en su interior. Tómense un momento para hacer este ejercicio en su guía de estudio, y descubran cuál es la mejor manera de expresar su autenticidad.

CAPÍTULO TRES

LA COMUNICACIÓN 101

Un repaso de lo básico

La buena comunicación es tan estimulante como el café negro.

ANNE MORROW LINDBERGH

HACE POCO LEÍMOS una anécdota sobre el columnista del *Seattle Times*, Mark Trahant, y su boda tradicional con una mujer de la tribu de los navajos.

Como se acostumbra, las parejas de la tribu se amucharon en su choza para brindar consejos a los recién casados. Un hombre carraspeó como si fuera a hablar, pero, en ese mismo instante, su esposa le dio un codazo en la espalda. Así que se quedó callado. Luego, volvió a carraspear, pero volvió a sentir el codazo inquisitivo. Lo mismo sucedió una tercera vez.

Mientras los invitados salían en fila, la mujer del codo le preguntó a su esposo: —¿Por qué no dijiste nada?

—Iba a hacerlo, pero cada vez que estaba a punto de hablar, pensé que no querías que lo hiciera.

—Te codeé tres veces para que pudieras hablar —protestó ella—. ¿Qué hubieras dicho?

—Hubiera hablado de la importancia de la comunicación en el matrimonio.

A veces, una pareja necesita volver a lo básico, a los principios fundamentales. A fin de cuentas, es muy frecuente que la comunicación sea algo que se da por sentado. Los investigadores estiman que el 70% de las horas que estamos despiertos las destinamos a comunicarnos con los demás (hablando, escuchando, leyendo o escribiendo). El 33% de ese tiempo está dedicado a hablar y el 42%, a escuchar. La comunicación acapara más de nuestro tiempo que casi cualquier otra actividad humana. Sin embargo, pocas veces tenemos las habilidades que necesitamos para maximizar su efectividad. Esa es la razón por la que consagramos este capítulo para darle las herramientas elementales de una buena conversación.

Ahora, si usted ya cuenta con el monopolio de los principios fundamentales para la buena conversación, siéntase libre de pasar con rapidez las páginas de este capítulo o, directamente, saltéelo. No se sienta culpable. Sin más, avance al siguiente capítulo. Pero si, como muchos de nosotros, le gustaría repasar rápidamente los principios básicos, siga leyendo.

Realmente *necesitamos* comunicarnos

No hay nada más destructivo que el aislamiento. Los militares confinados a las celdas solitarias en el infame Hilton de Hanoi lo entendieron como pocos. «La comunicación nos sostuvo», relató el expiloto de la Fuerza Aérea, Ron Bliss. «El sonido era como el de una guarida de pájaros carpintero desenfrenados», dijo sobre el código que desarrollaron para enviar mensajes. Los vietnamitas del Norte nunca dominaron el código, el cual componía un alfabeto de cuadrícula simple de cinco por cinco (omitiendo la K, que era reemplazada por la C).

A	B	C	D	E
F	G	H	I	J
L	M	N	O	P
Q	R	S	T	U
V	W	X	Y	Z

Los soldados golpeteaban primero la línea; luego, la letra en esa línea. Por lo tanto, la letra B era *tap... tap tap*. El código corría con tanta fluidez, que los hombres se decían chistes unos a otros; los puntapiés en la pared significaban una risa. Todos los domingos, luego de una señal codificada, los hombres se ponían de pie y oraban el padrenuestro y la promesa de lealtad. La comunicación, literalmente, los mantuvo vivos.

Eso es exactamente lo que hace la buena comunicación por una relación: la mantiene viva. Sostiene la conexión que hay entre dos personas. La pareja, literalmente, *necesita* conversar: una relación importante depende de ello. No podemos precisar la cantidad de parejas que han venido a nuestra oficina de consejería a punto de separarse porque «no pueden comunicarse». Se les agotaron las palabras. Por supuesto, lo que realmente quieren decir es que no saben cómo comunicarse de una manera sana, que tenga sentido. Dos personas, aunque estén en un aparente y prolongado punto muerto, siempre pueden abrirse paso en su atascamiento y aprender a hablar entre sí. La mayoría de las veces, la recuperación llega cuando repasan las reglas básicas de la comunicación.

Claro, algunas parejas están en una situación más peculiar: uno de ellos (generalmente, el varón) podría ser lo que llamamos el «cónyuge silencioso». Es la persona que, en general, no suele hablar mucho. Si usted ya sabe que en su relación hay un cónyuge silencioso, podría interesarle considerar con detenimiento el «Apéndice: Una ayuda práctica para el cónyuge silencioso» cuando termine este capítulo (ver las páginas 181–189).

Cuando pienso en hablar,
desde luego, es con una mujer.
Pues la conversación,
en su máxima inspiración,
desea la correspondiente cualidad
divina de la receptividad,
¿y dónde encontrará uno esto
si no es en una mujer?
Oliver Wendell Holmes

Pero, para la mayoría de las parejas, la comunicación vuelve a lo básico. Entonces, empecemos desde el comienzo, enfocándonos en los elementos fundamentales que requiere la comunicación. ¿Y qué encabeza la lista? El tiempo.

Hacerse tiempo para hablar

En 1997, los Washington Capitals eran uno de los equipos de hockey sobre hielo más populares. Patinando, se abrieron paso hasta la final de la Copa Stanley. Pero, para cuando llegó el otoño de 1999, habían descendido y estaban al borde del desastre, con uno de los peores récords en la Liga Nacional de Hockey. El entrenador Ron Wilson decidió tomar medidas drásticas donde fuera necesario y, rápidamente, cambió de estrategia. Sin embargo, las lesiones fueron cuantiosas y las pérdidas aumentaron. El equipo no podía entender dónde estaba la falla.

Poco antes de la Navidad, el grupo abordó un vuelo nocturno de siete horas para regresar a casa desde Vancouver, e hicieron lo que solían hacer en un vuelo de semejante duración: se pusieron a ver una película para pasar el rato. Para relajarse. Para lamerse las heridas. Entonces, sucedió lo inesperado. El reproductor de video se congeló; no habría ninguna película durante ese vuelo.

Mientras el avión surcaba el cielo nocturno, uno por uno, los jugadores se pusieron a charlar entre ellos. Hablaron de estrategia. De obstáculos. De jugadas clave. Por necesidad, redescubrieron el antiguo arte de la conversación. Cuando el avión aterrizó, los Capitals habían desmenuzado su juego y sabían qué necesitaban hacer.

En las semanas siguientes, se volvieron prácticamente invencibles y sostuvieron una racha ganadora de once partidos. El portero del equipo, Olaf Kolzig, reflexionó: «Tal vez, fue el destino que la reproductora de video no funcionara. Eso nos dio la oportunidad de desplazarnos por el avión y hablar. Fue una buena manera de despejar la atmósfera».

El tiempo y la conversación siempre son una combinación triunfadora. La mayoría de nosotros tiene un reóstato que avanza a velocidad automática y, cada año que pasa, la cinta de correr gira más rápido. Con el tiempo, maridos y esposas se convierten en compañeros agitados que corren de un lado a otro para cumplir sus horarios, así como los de sus hijos. Hasta nuestras frases están salpicadas con expresiones tales como *tiempo límite*, *comida rápida*, *hora pico*, *pasajero frecuente*, *autopista* y *transporte rápido*. Usamos teléfonos manejados por Sprint [esprint], hacemos nuestra contabilidad con el programa Quicken [acelerar], anotamos nuestras reuniones en una agenda Day Runner [corredor diurno] y hacemos dieta con el supresor de apetito SlimFast [adelgace ya]. ¡Vaya! Todos estamos apurados y, cualquier cosa que nos haga desacelerar, se convierte en una especie de animal arrollado en la carretera (y esto también incluye nuestras relaciones más importantes).

Esa es la razón por la que estamos obligados a enunciar lo obvio: la buena comunicación requiere tiempo para hablar. Una buena conversación no se da mientras uno viaja a velocidad vertiginosa. Así que, cúrese de la enfermedad del apuro, respire hondo y obedezca el límite de velocidad de la relación humana. Si quiere mejorar su comunicación, debe erradicar, implacablemente, la prisa de sus conversaciones. Puede lograrlo a la manera antigua: sentarse tranquilo, sin realizar múltiples tareas, quedarse a disfrutar de una conversación durante la cena, salir a dar una caminata, aprovechar la tranquilidad de la casa cuando los niños ya están acostados, bajar el volumen de la radio cuando va conduciendo el carro o apagar el televisor cuando no es más que ruido de fondo... para que puedan hablar.

Para prepararse para su conversación, le será útil tener en cuenta los temas que le gustaría mencionar cuando sepa que ambos estarán en un espacio tranquilo y en calma. Probablemente, también quiera identificar dónde y cuándo tienen sus mejores conversaciones. ¿Es mientras beben un café a la mañana? ¿Durante el almuerzo de los sábados de ocio? ¿En el carro, cuando hacen juntos un viaje relativamente largo? Estos son los momentos que quiere resguardar y priorizar.

Ya entiende la idea. Ah, ¿me permite aportar otro detalle para eliminar el apuro de sus conversaciones? Omita esta frase de su vocabulario personal: «¡Ve al grano!». Eso es difícil para muchos de nosotros, pero haga lo mejor posible por mantener la frase a raya.

No solo es difícil decir lo correcto en el lugar apropiado; es mucho más difícil callar lo incorrecto en el momento tentador.
George Sala

Ejercicio 5

Encuentre tiempo para hablar

Es uno de los obstáculos más grandes que hemos enfrentado en la vida: encontrar tiempo para las cosas que más importan, como las buenas conversaciones. En este ejercicio sencillo de la guía de estudio, queremos que ambos se fijen bien cuánto tiempo tienen, cómo lo usan y en qué cosas podría estar esfumándose. Y, lo más importante: cómo recuperarlo. Tómese un momento ahora mismo para encontrar el tiempo de su vida con esta guía de estudio.

Los tres niveles de la comunicación en la pareja

Según los autores Robert y Rosemary Barnes, la comunicación entre cónyuges ocurre en tres niveles: el nivel forzado, el nivel cronista y el nivel de los sentimientos. No obstante, el objetivo es llegar frecuentemente al tercer nivel. Veamos rápidamente cada uno de ellos.

El nivel forzado

Este es el nivel de comunicación más superficial, el que involucra los comentarios obligatorios que apenas dan a entender que usted está presente. Algunas parejas incurren en este modelo cuando llegan a casa, después del trabajo. Dicen lo necesario, pero realmente no se escuchan uno al otro. El requerido «¿Qué tal?» se encuentra con el predecible «Bien». Eso es todo. Las parejas que están en este nivel no tienen expectativas de ir más allá. Y, por un rato, está bien. En verdad, el nivel forzado puede brindar cierto grado de comodidad (no tener mucho qué decir, disfrutar simplemente la presencia del otro). Pero, desgraciadamente, si se mantiene demasiado tiempo, la pareja empieza a distanciarse y, a la larga, no lograrán ni siquiera reconocerse.

El nivel cronista

Aquí, la pareja habla de datos y de opiniones. Es posible que conversen sobre política, personas, la iglesia, películas o deportes. «Claro que me pareció larga la prédica de hoy. ¿Y te diste cuenta de la temperatura que hacía en ese salón?». Expresan sus opiniones, analizan los hechos, pero hasta ahí llegan. Esta clase de comunicación tiene su lugar, pero le falta intimidad o conexión verdadera. El solo hecho de que haya información o análisis no necesariamente acerca a la pareja.

El nivel de los sentimientos

Una pareja llega a este nivel cuando cada cónyuge se siente suficientemente seguro para compartir sus áreas de debilidad o los sentimientos que podrían exponerlo a una mirada desfavorable. Dicho de otra manera: se permiten bajar la guardia. Exteriorizan lo que hay en su corazón y dicen lo que piensan, sabiendo que serán comprendidos y aceptados. En este nivel, cada cónyuge pide la opinión y la ayuda del otro. Comparten sus inseguridades y sus sueños. En lo profundo de su alma, se sienten reconocidos y conectados. Esto es resultado del idioma del amor. Aunque las parejas no pueden esperar comunicarse siempre a este nivel, en general, es posible disfrutar de la seguridad que da este nivel más a menudo de lo que piensan.

Que sus conversaciones sean cordiales y agradables.
Colosenses 4:6

Ejercicio 6

Sus tres niveles de comunicación

Esencialmente, todos anhelamos conectarnos con nuestro cónyuge en el nivel de los sentimientos. Pero, seamos sinceros, con nuestro estilo acelerado de vida, esos momentos suelen ser pocos y muy espaciados, aunque no tendrían que serlo. Podemos disfrutar de más conversaciones íntimas, en lugar de nuestra enfermedad del apuro, y este ejercicio que está en la guía de estudio le mostrará cómo hacerlo.

Las habilidades para prestar atención

En la comunicación, si la pareja alguna vez llega al nivel de los sentimientos y permanece allí, es porque le encontró la vuelta al acto de *prestar atención*. Es la expresión que los especialistas en comunicación usan para describir la atención física y psicológica que usted le presta a su cónyuge durante la conversación. Es el lenguaje no verbal que puede establecer o quebrar su conexión.

La atención física eficaz es cuando su cónyuge percibe de manera visible y evidente que usted se compromete. Los siguientes son diversos componentes de prestar atención:

Los ojos: Mantener el contacto visual es clave para estar conectados. Mientras habla, mire a los ojos a su cónyuge. La única excepción será cuando esté conduciendo o caminen juntos, situaciones en las que el contacto visual no es normal ni necesario. (Por cierto, a algunas parejas, esa conversación uno junto al otro les funciona mejor que la conversación cara a cara. Si eso es lo que les pasa a ustedes, no se inquiete por la falta de contacto visual).

La postura: Debería mantener una postura abierta, relajada y receptiva (no se cruce de brazos). Cuando escuche, inclínese un poquito hacia su cónyuge.

Los gestos: Evite los gestos que pudieran distraer. Si está inquieto, si tamborilea la mesa con los dedos o mira de reojo su reloj, intencionalmente o no, expresa el mensaje de que no está interesado.

El entorno: Elija un espacio y un lugar para propiciar la buena conversación. El entorno debería proveerles cercanía uno del otro, un grado de privacidad y un estado de ánimo ameno. Apague el teléfono celular y trate de eliminar las distracciones.

Cuando usted presta atención correctamente, su cónyuge recibe el mensaje subyacente de que lo que él o ella dice importa. A continuación, tendrá que asegurarse de que entiende exactamente lo que escucha.

Habilidades para aclarar

Tómese un segundo para descifrar esta frase:

Love
Isnowhere

¿Cómo lee estos dos renglones? Es un juego de palabras, en inglés. Algunos leen «El amor no está en ninguna parte». Otros leen «El amor ahora está aquí». Y, cada tanto, aparece alguien que interpreta «Amor yo nievo aquí». De la misma manera, nosotros podemos ver un sentido completamente diferente de la frase que nuestro cónyuge pretende decir.

Cuando había malentendidos absurdos entre Abbott y Costello, el famoso dúo cómico, a todo el país se le escapaban risitas nerviosas. Pero, en una relación amorosa, ser malentendido no es una situación risueña. Normalmente, el malentendido no es resultado de no *escuchar* las palabras sino de no *aclarar* el sentido de las palabras. Las quinientas palabras más usadas del idioma inglés conllevan unos mil cuatrocientos significados, es decir, ¡un promedio de casi tres significados por cada palabra!

Tenga en cuenta este ejemplo: Sherry entra en la sala de estar y le dice a su esposo, Keith: «Me siento un fracaso total cuando este lugar no está arreglado, y sabes que tu mamá pasará a visitarnos mañana». Qué directa, ¿verdad? ¿Qué se necesitaría aclarar? Veamos, ¿qué está diciendo ella, exactamente? Podría no ser lo que usted piensa. Observe estas aclaraciones:

KEITH:

—Pareciera que piensas que la casa es un asco.

SHERRY:

—Ah, no. La casa siempre estará así hasta que los niños sean mayores.

O bien...

KEITH:

—Pareces un poco desanimada, ¿estás bien?

SHERRY:

—No estoy desanimada. Creo que lo que me preocupa, más que nada, es que mi jefe no me dé el día libre mañana.

O bien...

KEITH:

—¿La visita de mi mamá te estresa?

SHERRY:

—En realidad, estoy contentísima de que venga. Solamente desearía tener la energía para pasar la aspiradora esta noche.

¿Ve cómo funciona? Indagar un poco para asegurarse de que entiende el mensaje es de gran ayuda. La aclaración evita que llegue a conclusiones apresuradas. Le da la seguridad de no desviarse y de manejar con exactitud el mensaje deseado.

En este ejemplo, Keith podría haber caído fácilmente en varias conclusiones precipitadas, pensando que sabía exactamente qué estaba diciendo su pareja: *Ella quiere que yo limpie la sala*, o *ella desea que mi madre no venga de visita*, o *se siente deprimida*. Como ve, la habilidad de aclarar es imprescindible.

Por cierto, siempre que esté sinceramente interesado en entender qué le dice su cónyuge, puede que se equivoque mucho en la aclaración; sin embargo, servirá igual. Fíjese que en los tres intentos anteriores de aclarar, Keith no acertó directamente en el blanco. No importa. Lo importante es que no solo Sherry tuvo la oportunidad de aclarar su comunicado, sino que también se benefició de sentir que su esposo tratara de entender y resolver sus necesidades.

Mantenerse alejado del consejo

Nunca deje pasar una buena oportunidad para cerrar la boca.
Will Rogers

Carl Jung decía que los consejos rara vez nos hacen daño porque casi nunca los tomamos en serio. La segunda parte de esta afirmación podría ser cierta, pero un sinnúmero de parejas pueden dar testimonio de la falsedad de la primera parte. Un consejo puede causar estragos en la conversación marital.

Darle un consejo a su cónyuge es como cocinar usando ajo: un poquito rinde mucho. Cuando le hacemos sugerencias a nuestro cónyuge antes de habernos ganado realmente el derecho a hacerlo (es decir, cuando nos lo pide), podemos creer que estamos siendo útiles, pero no es así.

Darle un consejo a su pareja, en realidad, puede hacerla sentir peor si ella no puede o no está lista para llevarlo a cabo. Esto puede infundirle terribles sentimientos de culpa. El consejo bíblico que le dieron los amigos a Job en su periodo de desgracias, por ejemplo, solo sirvió para hacer que el pobre Job se sintiera más miserable[1].

Dar consejos a las apuradas cuesta caro. Una vez que su cónyuge escuche su «palabra de sabiduría», podría optar por cerrarse y decir: «¡No quiero hablar más del tema!», o «Tú no entiendes». El consejo inoportuno obstruye la fluidez del sentimiento genuino y, finalmente, suspende cualquier conversación importante.

Ejercicio 7

Evite el consejo no deseado

Debido a que el consejo puede ser tan tóxico para una buena conversación, le ofrecemos un breve ejercicio para ayudarlos a cuidarse de él. Este ejercicio de la guía de estudio le mostrará cómo medir los consejos que da para que sus recomendaciones, cuando las ofrezca, realmente sumen.

Elabore un ayuda memoria

Bien, ahí lo tiene: uno de los fundamentos más importantes de la comunicación significativa. Sin embargo, antes de que siga adelante, queremos ofrecerle una cosa más. Le mostraremos una manera rápida de reunir todas estas habilidades y ponerlas en práctica.

No hace mucho, en un vuelo que iba de Denver a Seattle, nos vimos envueltos en una rotunda crisis de comunicación sobre el tema del lavado de ropa. ¿Puede creerlo? Estábamos volando a diez mil quinientos metros de altura del planeta y no podíamos tener una charla constructiva sobre cómo mantener nuestro cuarto de lavado bajo control. La cosa empezó cuando yo (Leslie) hojeaba una revista y me detuve en una foto de un lavadero reluciente.

Les, mirando por encima de mi hombro, preguntó: —¿Por qué nuestro lavadero no puede lucir así? Al oír sus palabras, sentí que mi cuerpo se ponía tenso. No era la primera vez que tocábamos ese tema. A lo largo de nuestro matrimonio, nos hemos transferido uno al otro la tarea de lavar la ropa. Pero, últimamente, es mi responsabilidad y, con dos niños pequeños, cada vez se volvía un desafío mayor.

—Si ahora quieres ocuparte de lavar la ropa, ¡adelante! —le espeté mientras metía la polémica revista en el bolsillo del asiento.

Con eso, arrancamos a toda velocidad. Si usted hubiera estado escuchando a escondidas en el asiento trasero, nunca habría imaginado que volvíamos a casa luego de dar un seminario matrimonial para cientos de parejas. Lo reconocemos: no estábamos ni cerca de poner en práctica lo que predicábamos. Entonces, finalmente, recurrimos a un método que desarrollamos para una ocasión de este tipo (¡ya hemos transitado este camino más de una vez!).

Cuando estamos atorados en una falla comunicacional, recurrimos al ayuda memoria. Es una tarjeta que sirve para recordarnos las habilidades comunicativas más importantes que conocemos. Nos hace volver a las reglas básicas y solamente contiene una frase: «Procura entender antes de ser entendido».

Eso es todo. Esta idea simple, popularizada por Stephen Covey en su libro *Los siete hábitos de la gente altamente efectiva*, cambia por completo nuestra mentalidad e, inevitablemente, nos hace retomar el rumbo. Sabemos que parece sencilla, pero es profunda. Y funciona. Una vez que usted replantea su apuro, y procura entender a su cónyuge (antes de intentar que su cónyuge lo entienda a usted), da un salto gigantesco.

Luego de echar un vistazo al ayuda memoria, relajé mi actitud defensiva y trabajé para entender la perspectiva de Les.

—Tú le das mucho valor a tener una vida organizada y ordenada y, a veces, yo olvido lo importante que es para ti. —Casi no podía creer que esas palabras estuvieran saliendo de mi boca. Les reconoció inmediatamente mi sinceridad y enseguida estuvo de acuerdo en lo difícil que es seguir el ritmo de las exigencias de nuestra familia en crecimiento. Nuestra conversación cambió por completo. Empezamos a poner en práctica lo que predicamos y nos reencaminamos en una charla civilizada y constructiva.

Así que, recíbalo de parte de una pareja de muy humanos especialistas en relaciones. La próxima vez que se vea atascado en un intento de poner en práctica todas estas recomendaciones, saque su ayuda memoria y recuérdese este concepto básico. Cuando usted trate de entender antes de ser comprendido, el resto de las habilidades se acomodarán naturalmente en su sitio.

CAPÍTULO CUATRO

LA BASE DE TODA GRAN CONVERSACIÓN

Descubra su factor de miedo

Las palabras salieron desordenadamente de mí,
como monedas de un dispensador de cambio.

NATASCHA WODIN

Le presentamos al doctor Myron R. Fox, el comunicador más impresionante, al que nunca entenderá. Se apoya sobre su atril frente al auditorio, donde cientos de personas instruidas han asistido para escucharlo hablar. En todo momento, el doctor Fox se desvive por asegurarse de estar diciendo cosas que no tienen absolutamente ningún sentido. El público, cautivado, asiente en aprobación mientras él sigue hablando atropelladamente con un estilo elocuente y una soltura delicada, sin decir nada concreto. Sus incongruencias y sus enunciados contradictorios son recibidos con gestos de consenso.

Acaba de entrar en la dimensión desconocida, ¿verdad? No. Es solo una investigación experimental de la Universidad de Pennsylvania, donde el profesor Scott Armstrong está poniendo a prueba su «Hipótesis del doctor Fox». Para llevar a cabo el experimento, un actor se hace pasar por un especialista en medicina, el doctor Myron R. Fox. Frente a un auditorio de profesionales, el «doctor Fox» da una charla improvisando artículos inconexos de la *Scientific American*, combinados con referencias que no tienen sentido sobre temas incongruentes y una dosis considerable de lenguaje ambiguo. Armstrong quiere saber si «una comunicación incomprensible, procedente de una fuente legítima en el área de especialización del receptor, refuerza la calificación del receptor sobre los conocimientos del autor». Resulta que sí. El público académico de profesionales declaró en cuestionarios anónimos que «les pareció que la conferencia fue clara y estimulante»[1].

¡Imagínese! Puede decir cosas absolutamente carentes de valor y, no obstante, ser respetado. Lo cierto es que, en las relaciones de pareja, esto no es tan absurdo como podría parecer. El propósito de la comunicación es gozar de la comodidad de una conexión emocional permanente, aun cuando sus palabras no tengan demasiado sentido. A eso apuntaba Charles Lamb cuando dijo: «El privilegio de la amistad es hablar disparates, y lograr que ella respete esos disparates».

Sin duda, es un privilegio. Cuando tiene una compañía que le permite hablar sin censura, con libertad, disfruta de uno de los grandes privilegios de una relación sana. La pareja logra una intimidad verdadera cuando se sienten suficientemente seguros para hablar de cualquier cosa que piensan y sienten.

No necesita hacer la prueba de la Hipótesis del doctor Fox en su propia relación. Cuando los dos pueden hablar relajadamente de todo y de cualquier tema, sea importante o no, e igualmente se sienten conectados en lo profundo de su alma, hablan el idioma del amor. Adquirir el idioma del amor tiene mucho que ver con la sensación de seguridad que uno experimenta con alguien. «La amistad es la comodidad inexplicable de sentirse seguro con una persona», dijo el escritor británico George Eliot, «y no tener que sopesar los pensamientos ni medir las palabras». Cuando de la conversación se trata, todos estamos programados para la seguridad emocional. Cada persona tiene una necesidad enorme de evitar el dolor, la pérdida o el peligro. Esta necesidad apremiante es la fuerza impulsora detrás de la manera en que cada uno vive su vida. Es el motivador principal detrás de casi todo lo que hacemos, especialmente, cuando se trata de la conversación.

De hecho, una vez que encuentran su zona segura como pareja, una vez que entran en contacto precisamente con lo que les hace sentirse más protegidos, relajados y acogidos, pueden eliminar lo que llamamos su factor personal de miedo, la mayor barricada que tienen para disfrutar del idioma del amor.

Su factor personal de miedo

Son pocas las veces que alguien en la pareja (el más perspicaz y consciente de sí mismo) dice: «No me siento seguro, y por esa razón hago lo que hago en mi relación». Sin embargo este miedo a correr peligro en lo personal acecha casi todas nuestras conversaciones. Cuando es más grande nuestro miedo a perder lo que valoramos profundamente, también aumenta nuestra inseguridad, y ese es el punto donde la conversación se enreda. Por este mismo motivo, queremos ayudarlo a identificar su factor personal de miedo. Todos tenemos uno. Todos y cada uno de nosotros tememos perder algo que valoramos en los intercambios cotidianos de nuestra relación. Entonces, permítanos plantear una simple pregunta de múltiples opciones que lo ayudará a descubrir su factor de miedo. No obstante, para encontrar algún sentido en esta pregunta, queremos que reflexione profundamente en ella. Sea brutalmente sincero consigo mismo. No responda lo que le parece que sonará mejor. Conteste lo que sabe que es realmente cierto. La pregunta es: *¿Qué es lo que más le hace sentirse seguro emocionalmente?*

- Controlar el tiempo
- Ser aprobado por los demás
- Mantener la lealtad
- Alcanzar altos niveles de calidad

Si tuviera que elegir una de estas como su principal necesidad de seguridad emocional, ¿cuál sería? Quizás, en lugar de escoger solo una, prefiera clasificar la lista de las necesidades de seguridad, de la más fuerte a la más débil. Está bien. La idea es identificar cuál le da la mayor sensación de seguridad emocional.

Y en caso de que se pregunte por qué le proponemos elegir entre esta lista específica de necesidades de seguridad, tenemos un buen motivo. Durante casi un siglo, estas cuatro necesidades básicas han sido constantemente identificadas mediante la investigación como los mejores indicadores del comportamiento humano y de la interacción[2].

> *Hablar mucho de uno mismo puede ser también una manera de ocultarse.*
> Friedrich Nietzsche

Entonces, ¿cuál de las necesidades encabeza su lista? Una vez que la identifique, queremos ayudarlo a corroborarla. Analicemos qué respondió usted instintivamente a esta pregunta. Observe si estas breves descripciones le parecen sinceras.

Controlar el tiempo

¿Se salteó el prólogo de este libro? Está bien. Sabemos cómo se siente: presionado. ¿Verdad? ¿Vive con miedo a perder el tiempo? ¿Siente que, si no lo resguarda con firmeza, el tiempo se le escurrirá rápida e improductivamente? Bueno, tenemos una noticia que tal vez no le alegre el día. A lo largo de su vida, un ciudadano estadounidense pasa:

- Seis meses esperando frente a los semáforos
- Ocho meses abriendo correos de propaganda
- Un año buscando objetos extraviados
- Dos años devolviendo llamadas infructuosamente
- Cinco años esperando en la fila[3]

Como dijimos, probablemente no sea la mejor noticia que escuchó en el día de hoy; sobre todo, si controlar su tiempo es lo que le da más seguridad emocional. Por cierto, ¿alguna vez tuvo la sensación de que otro conductor era particularmente lento en quitar su carro del estacionamiento que usted estaba esperando que se desocupara? Resulta que su imaginación podría no estar jugándole una mala pasada. Un estudio reciente sobre 400 conductores en un centro comercial detectó que tardaban más tiempo en sacar el carro de un espacio si alguien estaba esperando ese lugar, que cuando nadie esperaba ocuparlo. En promedio, si no había nadie a la espera del sitio, los conductores tardaban 32,2 segundos en retirar su carro, a partir del momento que abrían la puerta. Si había alguien en espera, los conductores demoraban alrededor de 39 segundos. Y pobre la persona que tocara la bocina a un conductor para apurarlo: ¡demoraban 43 segundos en liberar un espacio cuando el conductor en espera tocaba la bocina![4]

Por lo tanto, acuérdese de esto la próxima vez que recorra el lugar en busca de un espacio libre (especialmente, si se siente bien cuando mantiene el control de su tiempo). Sabemos que podría no ser fácil. A fin de cuentas, es posible que uno de los términos que usen sus amigos para describirlo sea «impaciente». Usted cuida su tiempo.

De hecho, si le parece que su seguridad es el resultado de controlar su tiempo, tenderá a protegerlo agresivamente. Usted no tiene intenciones de dejar que las descripciones desalentadoras de quienes le hacen perder el tiempo conceptúen su existencia. No se va a pasar cinco años de la vida parado en una fila. No se anda con vueltas cuando tiene una tarea por realizar y, ciertamente, no quiere perder ni un minuto en algo que no valore. Está ansioso por ir al grano. Usted aprecia mucho la eficiencia y valora la comunicación breve, clara y concreta. Es un organizador nato, una persona que busca resultados.

El exentrenador principal de la Liga Nacional de Fútbol Americano, Steve Mariucci, dice: «Nunca uso reloj, porque siempre sé que es ahora, y ahora es cuando debo hacerlo». ¿Se siente identificado con esta frase? ¿Steve es la clase de tipo que lo representa? Si es así, su principal necesidad de seguridad emocional podría ser el control de su tiempo.

No hay mentira más grande que una verdad mal entendida.
William James

Ser aprobado por los demás

«¿Te gusto? Marca sí o no». ¿Se acuerda de esta cancioncita garabateada en un trozo de hoja de cuadernillo y doblada varias veces? Era para la compañerita de clase de la que estaba enamorado en sexto año. Bastante directo, ¿no cree? No tanto, si esta es su primordial necesidad de seguridad emocional. No importa cuántos años tenga: esta será la pregunta que se le vendrá a la mente (al menos, de manera no consciente), la mayoría de las veces.

Si su seguridad radica en la aprobación de los demás (en especial, la de aquellos a quienes usted respeta profundamente), temerá hacer o decir alguna cosa que pudiera ofenderlos o causarles rechazo. Su conversación sobre las personas que respeta es enérgica y optimista (incluso, estimulante). Los hechos y la información ceden temporariamente su lugar a la emotividad que vuelca en su mensaje.

La película *Gladiador* cuenta la historia de Máximo, un general del ejército romano en el año 180 d. C. Luego de la victoria en una batalla decisiva, el agonizante emperador Marco Aurelio manifiesta su deseo de nombrar a Máximo como su sucesor. El propio hijo de Marco Aurelio, Cómodo, es el antípoda moral a Máximo. Cuando Cómodo se entera de que no será el próximo emperador, le vuelve la espalda a su padre.

—Una vez me escribiste una lista de las cuatro virtudes principales: sabiduría, justicia, fortaleza y templanza —dice Cómodo—. Mientras leía la lista, supe que no poseía ninguna de ellas. Pero tengo otras virtudes: ambición (que puede ser una virtud, cuando nos impulsa a destacarnos), ingenio, valor, devoción (a mi familia, a ti). Pero ninguna de mis virtudes estaba en tu lista. Ya entonces era como si no quisieras que yo fuera tu hijo.

—Cómodo, estás pasándote de la raya —contesta su padre, el emperador.

—Les pedí ayuda a los dioses —continúa Cómodo— para saber de qué maneras complacerte, que te sintieras orgulloso de mí. Una palabra cálida, un abrazo generoso con el que me estrecharas contra tu pecho y me apretaras con fuerza hubieran sido como el sol para mi corazón, por miles de años. Lo único que deseaba era estar a tu altura, César, Padre mío.

¿Esta escena le perturba el corazón? ¿Se hace eco de su deseo? ¿Siente ese anhelo por recibir un abrazo generoso, que sería como tener el sol en su corazón por mil años? Eso sucedería si su principal necesidad de seguridad fuera ganarse la aprobación de las personas que usted respeta. ¿Cómo podría ser de otra manera? La aprobación y la bendición de un padre para su hijo son fundamentales. Todos las queremos y las necesitamos. Pero la persona que necesita de esta seguridad la extiende intensamente a la mayoría de sus relaciones, especialmente, si no la reciben durante su crecimiento.

El amor quita las máscaras sin las cuales tememos no poder vivir, y con las que sabemos que no podemos vivir.
James Baldwin

Mantener la lealtad

Cuando los jugadores de fútbol de Pepper Rodgers, en la UCLA, tuvieron problemas para adaptarse al ataque de espoleta que él había instalado, y los alumnos de la universidad exigieron que adoptara otro sistema, Rogers no cedió.

Él decía que la espoleta «es como el cristianismo. Si uno cree en ella únicamente hasta que algo sale mal, no creía en ella desde el principio». Rodgers fue leal a su sistema. Solía bromear con que ninguna persona del Sur de California quería juntarse con él en esa época. «Mi perro era mi único y verdadero amigo», dijo Rodgers refiriéndose a ese año. «Le dije a mi esposa que todo hombre necesita, al menos, dos buenos amigos. Y ella me compró otro perro».

Si sus necesidades de seguridad se satisfacen, principalmente, mediante el compromiso y la estabilidad de lo que ya conoce, usted comprende a Pepper Rodgers. También le teme al cambio; al menos, al que sucede sin aviso y amenaza a sus lealtades esenciales. Valora la entrega. Prefiere la previsibilidad e, instintivamente, se resiste al cambio, a menos que este se produzca a un ritmo lento y estable. Es una persona que, en las conversaciones, escucha con paciencia. Tener un vínculo fuerte lo hace sentir seguro.

Piense en la lealtad y en la devoción que había entre Frederick Douglass, quien nació bajo la condición de esclavo en Maryland, a comienzos del siglo XIX, y su madre. En *Vida de un esclavo americano, escrita por él mismo*, relata: «Mi madre y yo fuimos separados cuando apenas era yo un bebé, antes que supiera que ella era mi madre. Fue contratada por el señor Stewart, que vivía a unos veinte kilómetros de mi casa».

Sin embargo, la madre del joven Frederick encontraba maneras de ver a su hijo: «Venía a verme por las noches, viajaba semejante distancia a pie, después de cumplir con todo su trabajo del día. Era una trabajadora rural y, si no estaba en el campo al amanecer, era castigada con azotes». Él continúa: «Estaba conmigo durante la noche. Se acostaba conmigo y me hacía dormir, pero, mucho antes de que volviera a despertar, ya se había marchado».

La madre de Frederick Douglass, después de haber trabajado todo el día bajo el calor sofocante y de caminar veinte kilómetros para ver a su hijo, lo reconfortaba hasta que se quedaba dormido. Luego, volvía a caminar otros veinte kilómetros para no ser azotada.

¡Cuánta lealtad, cuánta entrega y compromiso! Afortunadamente, la mayoría de nosotros no tendremos que pasar por una prueba de esta clase de cualidades, pero si la lealtad es su necesidad de seguridad más importante, probablemente, usted saldría aprobado. ¿Es reticente al cambio? ¿Valora mucho la idea de estar a disposición de la persona que lo necesita, y este tipo de seguridad y seriedad de su cónyuge lo hace sentir seguro?

Alcanzar altos niveles de calidad

Famoso por sus relojes suntuosos, el relojero suizo Patek Philippe también se hizo muy conocido por su clara consigna publicitaria: «Nunca se es realmente dueño de un Patek Philippe; simplemente, usted lo cuida para la próxima generación». Si se hace eco de este sentimiento, probablemente, usted sienta que satisface su primordial necesidad de seguridad emocional cuando alcanza altos niveles de calidad. Le gusta la idea de que, como un reloj refinado, su carácter pueda ser confeccionado y mantenido mediante una sucesión de buenas decisiones.

De hecho, si sus necesidades de seguridad son satisfechas esencialmente cuando logra un alto nivel de calidad y una reputación impecable, su temor es tomar una decisión que la ensucie. Aborda las decisiones pensándolas cuidadosamente. Sabe que hay una manera correcta de hacer las cosas (por más tiempo que lleve) y otra incorrecta. Es conservador y precavido en sus conversaciones; nunca promete más de lo que puede ofrecer.

Sus seguidores, descontentos, expresaron malestar cuando Scott Hoch se negó a lanzar un golpe corto para hacer un hoyo bajo par a tres metros en el segundo hoyo de la eliminatoria del Campeonato Ford 2003 de Doral, en Miami, Florida. Como se había hecho de noche, Hoch no estaba seguro de la configuración del campo de golf. Entonces, el final súbito del torneo se aplazó hasta la mañana siguiente, cuando muchos seguidores no podrían estar presentes. A la mañana siguiente, Hoch hizo su hoyo y, luego hizo un *birdie* en un tercer *play-off*, lo cual le valió ganar novecientos mil dólares. Si Hoch hubiera intentado terminar el torneo el domingo, probablemente, habría perdido. Con la luz menguante, Hoch (quien había sido operado cinco veces de la vista) creía que el golpe iría a la izquierda. Su *caddie* vio que iría hacia el otro sentido. La luz matinal demostró que el *caddie* tenía razón.

A Hoch no le preocupaba lograr la aprobación de los fanáticos y no sentía ninguna presión por el reloj. Lo que le importaba a Scott Hoch era tomar la mejor decisión posible. Y fue muy cuidadoso y prudente al hacerlo. ¿Usted es así? ¿Lograr un nivel de calidad es más importante que controlar su tiempo, ganar la aprobación y mantener la lealtad? Si así es, la calidad es su necesidad de seguridad emocional.

Háblele a un hombre acerca de sí mismo, y lo escuchará durante horas.
Benjamín Disraeli

Ejercicio 8

Identifique su factor personal de miedo

¿Ya resolvió cuál es la necesidad que encabeza su lista de seguridad emocional? Bien, este ejercicio le ayudará a profundizar aún más en su reflexión. En esta guía de estudio, le facilitaremos una estructura para analizar más a fondo su factor de miedo, tanto como el de su cónyuge.

Construir su zona segura

Es probable que haya visto la película *La habitación del pánico*, en la que Jodie Foster interpreta a una mujer que es intimidada por ladrones que se meten en su apartamento en la ciudad de Nueva York. Ella se refugia con su hija en una «habitación del pánico» con tecnología de avanzada: un cuarto secreto que hay en su casa, con puertas reforzadas y otras medidas de seguridad. Las habitaciones de pánico no existen solo en las películas. Aparentemente, las empresas de seguridad suelen instalar lo que ellos denominan «habitaciones de seguridad». La mayoría de los pedidos son de familias ricas o de celebridades que temen ser víctima de alguien que quiera hacerles daño. Se estima que en Bel Air y Beverly Hills hay miles de habitaciones como estas[5].

Esto nos llevó a pensar en una «habitación segura» para nuestra relación, un lugar donde sentirnos completamente protegidos y seguros. ¿Imagina si su hogar tuviera algo así? Usted y su cónyuge podrían entrar en esta habitación y ser libres del miedo a perder tiempo, aprobación, lealtad y calidad. Su miedo emocional más profundo quedaría excluido de sus conversaciones. Usted estaría seguro. Podría relajarse. ¿Puede imaginar las conversaciones que tendrían allí? Serían las mejores charlas de su vida (que hayan tenido o que soñarían tener). Pronto, se descubrirían pasando casi todo su tiempo en su habitación segura.

Va entendiendo la idea. Una vez que ustedes (cada uno y ambos) identifiquen su factor primordial de miedo, podrán edificar su propia habitación de seguridad emocional, libres del miedo a perder lo que más valoran. ¿Le parece demasiado bueno para ser cierto? No lo es. Estamos a punto de entregarle las herramientas que necesita para empezar a crear una zona segura dentro de su relación, un espacio a medida, hecho con precisión y exclusivo para su relación, donde combinar los factores de miedo de ambos. ¿Cómo podemos hacer esto? Acompañándolo a reflexionar en cuatro preguntas reveladoras que tienen una importancia crucial para el idioma del amor. Le agradará saber que no existen respuestas correctas ni incorrectas a estas preguntas. Fueron pensadas para ayudarlo a entenderse a sí mismo, a su cónyuge y a la relación que tienen. Le revelarán su estilo personal de hablar, y le mostrarán de qué manera muy particular usted dice las cosas que dice.

Si la virtud nos precede, todo paso será seguro.
Séneca

Su estilo de hablar

Vayamos directamente al grano. Cada uno de ustedes tiene un estilo de hablar tan singular que casi podemos garantizar que sus dos estilos no se asemejan. A decir verdad, en cierto sentido, podrían ser polos opuestos. Pero nos estamos adelantando. Sus estilos únicos de hablar están determinados por la manera en que cada uno responde a estas cuatro preguntas:

- ¿Cómo encara los problemas?
- ¿Cómo influye en el otro?
- ¿Cómo reacciona ante el cambio?
- ¿Cómo toma las decisiones?

Su respuesta a cada una de estas preguntas precisa una dimensión específica de la comunicación que es crucial para entender cómo dice las cosas que hace y cómo escucha lo que dice su cónyuge. En otras palabras, una vez que usted entienda con exactitud cómo afronta los problemas, cómo influye en su cónyuge, cómo reacciona ante el cambio y cómo toma las decisiones, entonces conocerá su propio estilo de hablar, y este conocimiento será la clave para disfrutar del idioma del amor. En los próximos capítulos, exploraremos cada una de ellas.

SEGUNDA PARTE

Cómo dice las cosas que hace

Su manera de responder a las siguientes cuatro preguntas revelará su estilo personal de hablar. Entender adecuadamente su estilo de hablar es la clave para destrabar el idioma del amor. Hasta que cada cual conozca su propio estilo (así como el del cónyuge), no podrá descansar en la seguridad de una conversación en la que el miedo ya no sea un factor, una conversación en la que usted haya dejado de llevar la carga de sopesar sus pensamientos o de medir sus palabras.

CAPÍTULO CINCO

¿CÓMO ENCARA LOS PROBLEMAS?

De manera agresiva o reflexiva

Si tu única herramienta es un martillo,
te ocuparás de cada problema como si fuera un clavo.

ABRAHAM MASLOW

—¿SIENTES OLOR A LACA EN AEROSOL? —pregunté.

—No —respondió Leslie.

—¿No hueles nada? —pregunté con mayor apremio. Acababa de despertarme y caminaba por la cocina buscando un vaso de jugo.

—Quizás sea el Brillo Radiante, el producto que acabo de usar en el espejo de la entrada.

—¿Brillo Radiante?

—Sí, es lo que me hace brillar el cabello —dijo Leslie.

—No me interesa qué haga; es apestoso. Abre la puerta del frente para que llegue un poco de aire puro por aquí.

Leslie abrió la puerta, literalmente, un par de segundos. La cerró abruptamente para evitar que escapara nuestro bebé.

—Abriré esta ventana —dijo ella mientras la levantaba unos cinco centímetros.

—Eso no servirá —dije, abriendo la puerta ventana que da a la terraza trasera de nuestra casa y caminando en línea recta hacia la puerta delantera que ella acababa de cerrar.

—¿Es necesario eso? —preguntó Leslie mientras me yo me dirigía rápidamente a encender el ventilador que está sobre la cocina.

Para mí, lo era. El olor desagradable del producto de su cabello era una manera asquerosa de empezar mi día, y quería que desapareciera. Inmediatamente.

—El olor se solucionará solo si le das un poco de tiempo —dijo Leslie.

La necesidad de seguridad de la persona que resuelve los problemas de manera agresiva es el tiempo

Tiempo. Ese era el problema. Brillo Radiante estaba haciéndome perder tiempo; y yo valoro mucho mi propio tiempo. De hecho, mi mayor factor de miedo es perder tiempo. Entonces, ¿qué cree? Eso me vuelve una persona que aborda los problemas de manera decidida *y* agresiva. Lo reconozco. Y, luego de veinte años de casados, Leslie lo sabe tanto como yo. No me ando con tonteras. Cuando se trata de resolver los problemas, agarro el proverbial toro por los cuernos. No le temo a la confrontación. Quiero llegar al fondo de cualquier asunto, usando el camino más directo posible.

Por otra parte, Leslie tiende a ser una persona reflexiva cuando hay que resolver problemas. Ella quería que el problema del producto apestoso para el cabello se arreglara solo. Y está bien, si perder el control sobre el tiempo no es su primordial factor de miedo. Para Leslie, no lo es. Por eso, ella aborda la resolución del problema desde un ángulo completamente distinto. Cuando enfrenta un problema, ella es más complaciente que tajante. Más dócil que concluyente. Más reflexiva que agresiva. Para ella, resolver problemas es un deporte agradable, porque controlar el tiempo es su necesidad emocional de seguridad menos importante, no le preocupa ni de casualidad. Y, cuando se trata de resolver problemas, es mucho más paciente que yo.

Entonces, ¿impactan los diferentes abordajes de los problemas sobre nuestra relación? ¿Interfieren con nuestra comunicación? ¡Apenas todos los días! Es la mayor fuente de mala comunicación que tenemos.

Es inevitable que sea un problema para nosotros. Toda persona que encara la resolución de problemas de una manera agresiva hace preguntas directas y exige respuestas; a menudo, sin sentir que debe tener tacto ni diplomacia. Su actitud es: *Resolvamos el problema; luego, podremos dedicarnos a ser agradables uno con el otro*. Se caracteriza por enfocarse en las tareas específicas. Cuando algo empieza a amenazar su tiempo se pone agresivo, tajante y atrevido. Y cuando ese problema no se resuelve rápidamente, o cuando siente que su cónyuge no le echa una mano con la misma urgencia que él o ella tiene, se vuelve más terminante, tenaz e impaciente. Se lo dice Leslie: cuando sus asuntos no se resuelven, no es gracioso estar cerca de una persona que encara los problemas de manera agresiva.

La persona que resuelve problemas de manera reflexiva

Bill y Ed tenían el extenuante trabajo de limpiar de árboles un campo. El contrato exigía que se les pagara por árbol. Bill quería que el día fuera rentable; por eso, resoplaba y sudaba, hachando implacablemente.

Ed, por otra parte, parecía trabajar a la mitad de la velocidad. Incluso, se tomaba sus descansos y se quedaba sentado varios minutos. Bill siguió talando hasta que le dolió cada músculo y cada tendón de su cuerpo y necesitó parar.

Al final del día, Bill estaba terriblemente dolorido, pero Ed sonreía y contaba chistes. Increíblemente, Ed había cortado más árboles. Bill dijo: «Vi que te quedabas sentado mientras yo me esforzaba sin parar. ¿Cómo hiciste para trabajar más que yo?».

Ed sonrió: «¿Te diste cuenta de que afilaba mi hacha mientras estaba sentado?».

A veces, el que aparentemente encara el problema de una manera más reflexiva y menos apresurada, es quien tiene la táctica más inteligente. La persona que encara los problemas con ímpetu, tan ansiosa por lograr resultados, puede pasar por alto lo que aquella que los encara de manera reflexiva probablemente sea capaz de ver. Las personas reflexivas (las que no tienen como primera necesidad emocional de seguridad la pérdida del tiempo) son un gran recurso para resolver problemas. Son prudentes por naturaleza. Quieren reunir información y analizar el problema antes de meterse de lleno a resolverlo. En resumidas cuentas: la persona reflexiva está dispuesta a darle tiempo.

Desde luego, este es el regalo que la persona agresiva para resolver problemas no quiere dar. Pedirle que ceda un poco de tiempo, que desacelere el proceso, es como pedirle a un corredor de carreras de las «500 Millas de Indianápolis» que se relaje y se tome con calma las últimas vueltas. No sucederá.

Precisamente por eso es que uno que soluciona los problemas de manera reflexiva puede ser un buen complemento de uno que lo hace agresivamente.

Bill y Cindy tenían un problema: la maleza. Había mucha maleza en su casa. Habían contratado a un muchachito vecino, Kenny, para que cortara el césped y se ocupara del jardín, pero, según la opinión de Bill, Kenny no estaba cumpliendo con su trabajo.

—Los vecinos están empezando a criticar nuestro jardín —dijo Bill durante el almuerzo—. Kenny prometió que se ocuparía de la maleza cuando hablamos la semana pasada. Llamaré a sus padres para que lo hagan venir ahora mismo.

—Cariño, cuelga el teléfono —dijo Cindy—. Kenny acaba de llamar y dijo que vendrá mañana. No es necesario llamar a sus padres.

—Mira, esto es una vergüenza. Lo haré yo mismo.

—Bill, nunca te vi haciendo trabajos de jardinería —se rio Cindy—. ¿Estás seguro de que quieres hacerlo? Seguramente, Kenny lo hará mañana.

Bill se levantó de la mesa.

—Iré a comprar un poco de herbicida. Esa maleza estará frita esta misma tarde.

Efectivamente. En menos de una hora, Bill se puso a rociar el herbicida de rápida acción en cada yuyo que encontró en su jardín delantero.

—Has trabajado arduamente ahí afuera —comentó Cindy cuando Bill volvió a entrar en la casa.

—Realmente, no es para nada difícil. La verdad es que no entiendo por qué Kenny no pudo hacerlo hoy mismo. Me enfada mucho haber pasado todo el día haciendo su trabajo.

—Bueno, sé que estás enojado, pero resolviste tu problema.

Al menos, él creía que había resuelto su problema. Al día siguiente, Kenny llegó y tocó el timbre.

—¿Qué le pasó a su jardín? —le preguntó a Cindy.

—¡Ay, por Dios! —gritó Cindy cuando se dio vuelta para mirar—. Bill, será mejor que vengas a ver esto.

Bill se acercó a la puerta delantera y los tres observaron el jardín lleno de grandes círculos marrones en lo que, en otro momento, hubiera sido el encantador césped.

—Usted no usó esto ¿verdad, señor Brown? —Kenny señaló el frasco vacío de herbicida—. No quise trabajar ayer en su maleza porque el viento era tan fuerte que desparramaría todo lo que rociara. Además, no recomendaría esta marca de herbicida. Lo dice aquí mismo: «Importante: No recomendado para el control de malezas diseminadas entre el césped. Mata la grama». Usted no hizo esto, ¿no, señor Brown?

Dicho esto, Cindy se retiró al interior de la casa y dejó a Bill para que le explicara a su jardinero adolescente la estrategia agresiva para resolver el problema.

> *No existe un problema tan tremendo como para que usted no pueda alejarse de él.*
> Charles M. Schulz

Como hemos dicho: a veces, el abordaje reflexivo que espera a que la solución aparezca a su debido tiempo es la manera más inteligente de hacerlo. Por supuesto, solucionar de manera reflexiva los problemas también tiene una desventaja. Es decir, el tiempo no siempre trae las soluciones. Si en algún momento las resoluciones no se encaran de manera agresiva, a la larga, la vida se convierte en un revoltijo de cabos sueltos que nunca quedan atados.

Combinar el abordaje reflexivo y el agresivo para resolver los problemas

Obviamente, el enfoque relajado de la persona que resuelve problemas reflexivamente puede exasperar al cónyuge agresivo (¡no necesitamos un estudio científico para demostrar este hecho en nuestro matrimonio!). Al fin y al cabo, la persona que resuelve problemas de manera reflexiva es mucho más prudente y considerada, quiere evitar los conflictos y mantenerse alejada de cualquier tensión. Al cónyuge agresivo, este enfoque puede parecerle apático e indeciso. Seguro que ya se hace una idea. Y lo mismo vale para la persona reflexiva que está en el extremo receptor del que resuelve los problemas de manera contundente.

Es cierto. Yo (Leslie) no puedo precisar la cantidad de veces que me sentí herida porque no entendía el enfoque agresivo de Les. El problema podía ser una llamada perdida al celular, el lavadero sucio, los Cheerios que se habían desparramado de su recipiente, o encontrar una niñera, un buen restaurante o el control remoto de la TV, que no estaba en su lugar. El problema no importa. Lo que importa es la infracción cometida contra su tiempo y la urgencia avasalladora. *¿Por qué es tan sarcástico conmigo?*, solía preguntarme yo en estas situaciones. *¿Acaso no sabe que hiere mis sentimientos?* La verdad es que él no sabía que hería mis sentimientos; no al principio. Estaba desconcertado por mi manera discreta de buscar el teléfono celular que no aparecía, o lo que fuera. Sencillamente, no podía entender que yo no fuera tan enérgica como él para resolver el problema.

Mientras no comprendí que el principal factor de miedo de Les es perder el tiempo, no logré entender su manera agresiva de resolver los problemas. Fue cuando me hizo el clic. Recién entonces empecé no solo a comprenderlo de una manera nueva, sino a alcanzar un espíritu más compasivo y flexible para tratarlo. De hecho, esta simple percepción reforzó mi capacidad de ser más objetiva y me ayudó a no tomarme las cosas tan a pecho. Al fin y al cabo, su método decidido y directo para resolver problemas tiene que ver con él, no conmigo. Y, solo cuando Les entendió que el controlar mi tiempo era intrascendente para mí (comparado con otras necesidades de seguridad), empezó a entender mi método reflexivo. Ahora, es mucho menos propenso a interpretar como apática mi manera apacible de resolver los problemas. Ambos sabemos que estamos programados de manera diferente en esta transición espacio-tiempo, y este discernimiento nos da más gracia y nos acerca un paso más al idioma del amor.

La persona que resuelve los problemas de manera agresiva
Dice: «Hagámoslo ahora».
Fortalezas: Es emprendedora, audaz, decidida y tenaz
Bajo presión se vuelve: Impaciente y terminante
Ante un conflicto se vuelve: Intimidante y beligerante

La persona que resuelve los problemas de manera reflexiva
Dice: «Démosle un poco de tiempo».
Fortalezas: Es considerada, serena, paciente y cooperativa
Bajo presión se vuelve: Ansiosa y lenta
Ante un conflicto se vuelve: Indecisa y reservada

No tengo ninguna solución, pero, ciertamente, admiro el problema.
Ashleigh Brilliant

¿Le da curiosidad saber cuál es el punto donde se las agarran usted y su cónyuge en esta cuestión de resolver problemas? Puede que ya lo tenga bastante en claro. Quizás, como nosotros, cada uno de ustedes esté en un bando distinto. Tal vez, ambos resuelven los problemas de manera agresiva, o sean del tipo de personas que los resuelven de manera reflexiva. Pero, a decir verdad, es probable que ambos estén en un punto intermedio de esta gama. Quizás, sea parecido a algo como esto:

Cualquiera sea su combinación, tenemos una ayuda específica para usted. Antes de que lo llevemos a la Segunda Parte de este libro, le proporcionaremos una manera singular y poderosa de saber exactamente dónde se ubica cada uno de ustedes. Lo ayudaremos a identificar con precisión qué tan agresiva o reflexivamente encara los problemas cada uno, y les facilitaremos algunas formas personalizadas de maximizar su combinación de estilos. En esta etapa, simplemente queremos ayudarlos a reflexionar en las cuatro preguntas que definen sus estilos de hablar; entonces, avancemos a la siguiente pregunta.

> *No hay problema humano que no pudiera resolverse si las personas simplemente hicieran lo que yo les aconsejo.*
> Gore Vidal

CAPÍTULO SEIS

¿CÓMO INFLUYE EN EL OTRO?

Con sentimientos o con información

La libertad es ese instante que hay entre el momento en que alguien te dice que hagas algo y el momento en que decides cómo responder.

JEFFREY BORENSTEIN

El humorista Mark Twain probablemente haya influido en el panorama literario norteamericano más que cualquier otro autor. Cambió nuestra manera de pensar y sentir acerca de los paisajes nacionales como el río Misisipi. Además, es uno de los autores más citados de la historia y, un siglo después de su muerte, sigue vendiendo millones de libros. Pocos podrían disputar su influencia imperecedera.

La influencia dramática que tuvo Twain sobre su esposa fue igualmente poderosa, aunque para nada conocida. Él no era un hombre religioso ni aseguró serlo cuando se puso de novio con Olivia Langdon. En la época de Twain, era costumbre que un hombre tuviera que obtener el permiso de los padres de la mujer antes de casarse con ella. Sin embargo, Mark Twain tenía un problema. Los padres cristianos de Olivia no aprobarían que su hija se casara con un no creyente. Para resolver este obstáculo, Twain adoptó el papel de una persona en la búsqueda espiritual que necesitaba del apoyo y de las oraciones de la familia de Olivia.

Twain, al parecer, influenciado por la insistencia de Olivia, supuestamente se convirtió. Luego de comprometerse con Olivia, le escribió a su madre: «Mi profecía fue acertada... Olivia dijo que nunca podría ni querría amarme, pero se propuso la tarea de convertirme en un cristiano. Yo le dije que lo lograría, pero que, mientras tanto, sin proponérselo, cavaría un pozo matrimonial y acabaría cayéndose en él, y ¡hete aquí! la profecía se cumplió».

La familia de Olivia se convenció de que Twain era cristiano y autorizó el casamiento. Pero al menos un investigador insiste en que Twain «era un hombre enamorado que cortejaba a la mujer con la que esperaba casarse. Sus sentimientos "religiosos" del momento, expresados en las cartas de amor que le escribía a Olivia, desaparecieron tan pronto como culminó la ceremonia nupcial»[1].

Al terminar la boda, Twain se burló de las creencias de Olivia. Pronto, el optimismo de Olivia comenzó a decaer y su ferviente fe se enfrió. Finalmente, abandonó por completo su religión y se llenó de una profunda tristeza. Mark Twain la amaba y nunca tuvo la intención de lastimarla, pero había estropeado su espíritu. Le dijo: «Livy, si te consuela apoyarte en tu fe, hazlo».

Con tristeza, ella contestó: «No puedo. No me queda nada de fe». Muchas veces, Twain anheló devolverle a Olivia la fe, la esperanza y el optimismo, pero era demasiado tarde[2].

La influencia que puede tener una persona en la otra es difícil de exagerar. Transcurrido el tiempo suficiente, el esposo puede horadar hasta el fondo mismo del espíritu de su cónyuge e influir sobre las cosas que ella más valora. Desde luego, pocas son las personas que ceden a la clase de métodos astutos que usó Mark Twain, pero somos tan vulnerables como Olivia si subestimamos la influencia que tenemos uno en el otro.

Cada día, y en casi todas las maneras posibles, intentamos influir en el otro. Nuestras conversaciones están llenas de esa intención: «No te vas a poner eso, ¿no?». «¿Cómo puedes apoyar a un candidato que tiene semejante historial?». «¿Sabías que los hombres que no se hacen un chequeo médico a tu edad tienen el doble de posibilidades de padecer un problema médico en los siguientes cinco años?». «Sé que no te gustan los limones, pero te va a encantar esta tarta de limón... Estoy segura».

Nuestros intentos por influir en el otro, ya sean en las cosas triviales como en los temas importantes de la vida, son inagotables. Influir uno en el otro para que haga esto o aquello, o para que no lo haga, es algo que ocupa una parte indescriptible de nuestras conversaciones cotidianas. Y el hecho de saber si su cónyuge es más influenciable por los sentimientos o por la información podrá ayudar a que sus conversaciones sean mucho más productivas.

Confíe en sus presentimientos. Generalmente, se fundamentan en información archivada apenas debajo del nivel consciente.
Joyce Brothers

¿Información o sentimientos?

Un día, Steve llamó a su esposa, Patti, para pedirle que lo llevara a casa después de una reunión de trabajo.

—Ven lo más pronto que puedas —le dijo.

—De acuerdo. Creo que tomaré la I-90 para llegar hasta ahí —le dijo Patti—. Linda me contó de las luces nuevas que hay en el túnel. Me imagino que son estupendas, como futuristas, o algo así.

—Hace cinco minutos revisé el informe del tránsito en mi computadora —dijo Steve, en desacuerdo—, y hay un embotellamiento en la I-90. Así que, indudablemente, la 202 es el camino para llegar aquí.

—Qué dulce, amor, pero nunca tengo problemas en la I-90, así que no te preocupes.

—¿Qué? —exclamó Steve—. Acabo de decirte que tienes que tomar la 202, o te toparás con el embotellamiento. ¿Me estás escuchando? Patti, ven aquí lo más rápido que puedas. Estoy impaciente por llegar a casa, así que ven por la 202. Tiene menos tránsito; además, están asfaltando la I-90.

—Seguro, cariño. Ah, recuérdame que te cuente de la charla que tuve hoy con Tina. Te va a encantar.

—Patti, podremos hablar de todo eso cuando llegues aquí. ¡Solo te pido que llegues lo antes posible y que tomes la 202!

—Steve, estoy saliendo en este mismo momento... Te amo.

Aquí tenemos una pareja en los extremos opuestos de la Escala de la Influencia. Steve influye con información, mientras que, para Patti, todo tiene que ver con los sentimientos. Su actitud es como si dijera: «Ante la información, ¡un poco de emoción!». Es animada, más que analítica. Optimista, más que objetiva. Patti es divertida, el alma de la fiesta. ¿Cuál es su factor de miedo? Perder la aprobación de los demás (especialmente, la de Steve).

Pero, sin querer, es exactamente lo que hace en este ejemplo.

Pese al pedido de Steve, Patti estaba ansiosa por ver el túnel nuevo; por lo tanto, tomó la I-90. No había problemas con el tránsito, así que se detuvo a comprar un café para llevar, pensando que a Steve podría llegar a gustarle una sorpresa al final de un largo día. Por fin, Patti llegó a la oficina de Steve y estacionó junto al cordón.

—Hola, amor, ¿qué tal fue tu día? —preguntó Patti mientras él se subía al carro—. Tienes que ver las luces nuevas del túnel: ¡son increíbles!

Steve gruñó mientras se colocaba el cinturón de seguridad.

—¿Cómo estuvo la reunión? —Patti salió del estacionamiento y se dirigió hacia la ruta.

—Bien —suspiró Steve.

—Te traje un café doble con leche. Está en el portavasos.

Steve se quedó callado, con los ojos fijos en la carretera.

—No vas a creer lo que Tina me contó esta mañana —dijo Patti. Bebió un sorbo de café y esperó alguna reacción de Steve. No hubo ninguna—. ¿Quieres enterarte? —preguntó Patti.

—Realmente, no.

—¿Cuál es el problema, Steve?

—Tú sabes cuál es el problema.

Y usted, también. Steve le expuso la información a Patti de una manera clara como el agua. Quería que ella tomara la ruta más rápida y que no lo dejara varado. Es un pensador crítico, no se deja influir por las emociones. Es analítico y racional. No le interesa si las luces del túnel son geniales o si le va a llevar una taza de café. Todo eso es irrelevante ante el hecho de que deseaba que lo fuera a buscar a tiempo y que Patti usara la 202 para hacerlo. Y, como ella no lo hizo, él se siente como si Patti no lo escuchara ni le importara la realidad del problema.

—Te pedí que vinieras por la 202 para que no te demoraras —continuó Steve—. En lugar de eso, tomaste la I-90 y paraste a comprar café. No lo entiendo.

—Cariño, sé que muchas veces te agrada tomar un café con

leche después de una reunión como esa; por eso, pensé que te pondrías contento al verlo.

—Lo único que quería hacer era llegar a casa. Te lo dije y te dije cómo hacerlo, pero tú lo ignoraste. Eso porque no escuchas. O, tal vez, sea porque no te importa.

—¿Ya está?

Hubo una larga pausa dentro del carro lleno de tensión.

—Patti, me lo haces todo el tiempo. Te doy la información concreta, y actúas como si ni siquiera me escucharas. Ahora, me perdí las dos primeras entradas del partido de los Mariners.

Los hechos son cosas tercas; y sean cuales sean nuestros deseos, nuestras tendencias o los dictados de nuestras pasiones, no pueden cambiar el estado de los hechos y de la evidencia.
John Quincy Adams

El corazón de Patti se desplomó. Había decepcionado a Steve e, instantáneamente, sintió que había perdido su aprobación. Por defecto, se sintió insegura. Había perdido lo que más quería: el reconocimiento y la aprobación de Steve por llevarle un café con leche. Ahora, ansiosa y triste, se puso a llorar.

—¿Por qué lloras? —preguntó Steve.

Patti se limpió los ojos con la punta de un pañuelito de papel.

—No estoy enojado contigo —dijo Steve, exasperado—. Simplemente, no entiendo por qué sucede esto.

Si su factor de miedo es la aprobación, usted influirá con sentimientos

¿Alguna vez lo vivió? ¿Ha sentido que la aprobación de su compañero se le escurría entre los dedos? Si le pasó, probablemente usted lo influya con sentimientos, en vez de con información. Y usted mismo se deja influenciar más por los sentimientos que por la información. Quiere pasarla bien y no tiene ninguna intención de que la realidad se lo impida. Al igual que Patti, es posible que ni siquiera registre la información. Usted no capta la información objetiva tanto como con la fluctuación emocional del momento. Por ejemplo, puede imaginar una interacción positiva (como tomar un café con su pareja) y empezar a diseñarla sin contraponerla con los datos objetivos (tal como su deseo primordial de que usted llegue en horario). Desde luego, su cónyuge puede recibir su interpretación como que usted es desatento o poco fiable. Y, transcurrido el tiempo suficiente, esto empieza a generar desconfianza. En otras palabras, aquello mismo que usted anhela, eso que lo hace sentirse más seguro (obtener la aprobación de su cónyuge) se le vuelve algo esquivo, porque su actitud optimista y efervescente lo lleva a pasar por alto lo que más desea su cónyuge.

Steve, por otra parte, no busca recibir aprobación como una de sus necesidades de seguridad prioritarias. Y, por ese motivo, lleva cada conversación al plano racional y al pensamiento crítico. Es muy probable que no se deje influir por un sentimiento afectuoso y confuso tanto como por los fríos y duros datos. Como consecuencia, puede ser muy crítico y flemático. Cuando todos los demás están embriagados por las emociones, será él quien haga las preguntas difíciles. Él propiciará que el escepticismo reemplace al entusiasmo. Es por ese motivo que empieza a perder la confianza en Patti cuando ella no depende de la información sin matices, como hace él. Pero, por otro lado, es por ese mismo motivo que Patti infunde una alegría a todo color en su vida.

¿Patti y Steve están condenados a la comunicación entrecruzada? Absolutamente, no. Tienen un enorme potencial para hacer un gran equipo en esta área, una vez que ambos comprendan el estilo del otro. De hecho, esta comprensión les hará ver cuán preciosos son el uno para el otro. Patti necesita los interrogantes lógicos de Steve, y Steve necesita el matiz cariñoso de Patti.

Ahora, analice este mismo tema de conversación entre Ken y Judy, siendo ambos más propensos a influirse mutuamente con información que con sentimientos.

—¿Podrías venir a buscarme? —dijo Ken—. Toma la 202, te ahorrará diez minutos en este horario.

—¿Estás seguro? ¿Te fijaste en el informe del tránsito? —preguntó Judy.

—Sí, la 202 es tu mejor opción.

—¿Controlaste el informe recientemente?

—Hace cinco minutos.

—De acuerdo. Creo que tienes razón. Además, están pavimentando la I-90.

—Claro. Podría ser un verdadero lío.

—Estoy saliendo ya mismo, amor.

¿Nota la diferencia? ¿Quién podría no verlo? Es difícil no darse cuenta de la disparidad entre el criterio creativo y negociador de Patti y el criterio tranquilo y lógico de Judy. Es posible que todos los datos estén alineados, pero si la persona cuya necesidad de seguridad es recibir la aprobación de los demás no lo siente adecuado, dejará de lado la información. Y, como son optimistas por naturaleza, influyen con inspiración, más que con introspección.

¿Esto hace que Judy y Ken sean una mejor pareja? Sí y no. Seguramente, cuando se trata de cómo influye uno en el otro, deben tener menos discusiones que Patti y Steve, pero están obligados a ser bastante opuestos en otros aspectos, por ejemplo, de qué manera encaran los problemas. Es un hecho. Ninguna pareja será perfectamente compatible a la hora de abordar los problemas, influirse mutuamente y todos los otros aspectos que estamos a punto de explorar. Entonces, la conversación entre Patti y Steve puede parecer terrible al compararla con la de Judy y Ken, pero eso es solamente porque estamos dando un ejemplo aislado de cómo cada cual influye al otro.

Por si le da curiosidad, Les y yo tenemos la tendencia de influir el uno en el otro con sentimientos más que con información. Nos convencemos más bien con entusiasmo y con ánimo que con la lógica. No descuidamos del todo el aporte racional ni la influencia lógica, pero, como ambos hallamos seguridad emocional en lograr la aprobación del otro, los sentimientos prevalecen sobre la información casi todas las veces. Sencillamente, así somos.

> *Es más divertido hablar con alguien que no usa palabras largas y rebuscadas, sino palabras cortas y fáciles, como «¿Qué tal si almorzamos?».*
>
> El pequeño libro de instrucciones de Pooh

Está programado para la información o para los sentimientos

Aclaremos algo cuanto antes. Las personas no eligen ser influidas por la información o por los sentimientos, así como no deciden cuán bajos o altos son. La clase de influencia que nos afecta es parte de nuestra forma de ser. A pesar de que tenemos peso propio en el modo de influir a nuestro cónyuge, no podemos hacer mucho respecto de lo que nos influye a nosotros. Aprenda de George Banks, interpretado por Steve Martin en la película cómica *El padre de la novia*. Mientras George relata la historia, nos enteramos de su ansiedad por los preparativos de la fiesta y del costo enorme de la boda de su hija. Siempre alerta a la gran suma de dinero que está gastando, George vacila, al límite de la furia demencial. Cuando George se entera de que la recepción le costará doscientos cincuenta dólares por cabeza, finalmente, pone el grito en el cielo. Mientras está haciendo un mandado para su esposa, George se detiene en el pasillo de un supermercado y rompe un envoltorio de panecillos para perros calientes. Un repositor se da una vuelta, asombrado, y amablemente le pregunta:

—Disculpe, señor. ¿Qué está haciendo?

—¡Le diré lo que estoy haciendo! —grita George—. Quiero comprar ocho salchichas y ocho panecillos para perros calientes y llevármelos. Pero nadie vende ocho panecillos para perros calientes. ¡Únicamente venden doce panecillos para perros calientes! ¡Por consiguiente, termino pagando cuatro panecillos que no necesito! Por eso, ¡estoy sacando los panecillos superfluos!

—Lo lamento, señor —dice el muchacho, con calma—, pero tendrá que pagar los doce panecillos. No están marcados individualmente.

George dice:

—Claro, ¿sabe por qué? ¡Porque algún mandamás de una empresa de salchichas se reunió con el mandamás de una empresa de panecillos y decidieron estafar a los consumidores norteamericanos, porque piensan que los consumidores norteamericanos son un puñado de imbéciles confiados que pagarán por cosas que no necesitan, en lugar de armar un escándalo! Muy bien, ¡ya no estafarán a este imbécil, porque no pagaré una sola cosa más que no necesite! ¡GEORGE BANKS ESTÁ DICIENDO NO!

Más tarde, cuando Annie, la hija de George cancela la boda, él intenta consolar a su futuro yerno, explicándole que Annie

heredó su tendencia a explotar por nimiedades. George le dice:
—Annie desciende de un extenso linaje de personas exageradas. Yo... definitivamente puedo volverme loco. Mi madre... una chiflada. Mi abuelo... las anécdotas que contaban de él eran legendarias.

De pronto, George tiene una epifanía:

—Ahí fue cuando me golpeó la idea: Annie era igual a mí.

En cuanto a usted, lo más probable es que su condicionamiento a ser influenciado más por la información o por los sentimientos haya sido transferido por su familia. Está en su programación. Por eso, entender la programación de su pareja en esta dimensión es vital para mejorar su comunicación.

La influencia a través de los sentimientos
Dice: «Confía en mí, esto saldrá genial».
Fortalezas: Es optimista, simpático, extrovertido e inspirador
Bajo presión se vuelve: Impulsivo y poco realista
Ante un conflicto se vuelve: Un mal oyente y poco fiable

La influencia a través de la información
Dice: «Analicemos todas las evidencias».
Fortalezas: Es realista, lógico, reflexivo y calmado
Bajo presión se vuelve: Pesimista e introspectivo
Ante un conflicto se vuelve: Escéptico y poco comunicativo

¿Qué me dice de usted y su cónyuge? De nuevo: es posible que ya tengan una idea bastante formada de dónde está cada uno. Pero, si les interesa, podremos mostrarles precisamente dónde están, en pocos momentos. También les

Para ser persuasivos, debemos ser creíbles. Para ser creíbles, debemos ser confiables. Para ser confiables, debemos ser verdaderos.

Edward R. Murrow

proporcionaremos decenas de formas prácticas de mejorar sus conversaciones, una vez que entiendan exactamente de qué manera tiende cada uno a ser influenciado. Observarán dónde llegan los dos en una secuencia como esta:

A continuación, sin embargo, nos dirigimos a la tercera pregunta importante para descifrar el código de su estilo de hablar y tener éxito con el idioma del amor.

CAPÍTULO SIETE

¿CÓMO REACCIONA ANTE EL CAMBIO?

Con resistencia o con aceptación

Dios, concédeme la serenidad para aceptar las cosas que no puedo cambiar, el valor para cambiar las cosas que puedo, y la sabiduría para reconocer la diferencia.

REINHOLD NIEBUHR

—TENGO QUE PASAR por la tienda de comestibles a comprar leche maternizada antes de que vayamos a casa —le dije a Les mientras íbamos en el carro.

—Está bien; de todas maneras, necesito pasar por la oficina y retirar mi correspondencia —respondió él.

—¿Por qué no lo haces después de dejarnos a los niños y a mí en casa? Jack está muerto de hambre.

—Solo me tomará un segundo. Mira...—Les se interrumpió a sí mismo y señaló al otro lado de la calle—. Esa es la nueva tienda de comestibles que apareció en el periódico de ayer.

—¿Qué estás haciendo? —pregunté cuando Les cambió de carril y empezó a hacer un giro inesperado.

—Regresaré para ir a esa tienda —dijo con entusiasmo—. Tendré que girar en U.

—No, no. Yo quiero ir a la tienda Safeway que está al lado de casa —protesté.

—¿Por qué? Será entretenido. Supuestamente, tienen a un tipo tocando el piano mientras uno hace las compras, y apuesto a que dan muestras gratis de comida. A los niños les fascinará, y yo quiero ver de qué se trata todo el alboroto que hay alrededor.

—Por favor, no. Este no es el momento. Necesito ir al Safeway, donde sé bien dónde está cada cosa.

—Vamos... te va a gustar —dijo Les mientras ingresaba el carro en el estacionamiento.

—El Safeway es mejor. Conozco a los empleados del lugar y quería saludar a Teresa.

—¿Qué?

—Creo que esta semana es su cumpleaños —contesté.

—Me lo dices en broma, ¿no? ¿Sabes cuándo es el cumpleaños de la cajera?

—Siempre me ayuda mucho. En serio, prefiero ir a Safeway. Este lugar parece un zoológico.

—Está bien, déjame entrar un momento con John, ya que estamos aquí, y luego pasaremos por el Safeway.

Les salió del carro con nuestro emocionado hijo de seis años y caminaron rápidamente por el estacionamiento mientras nos saludaban con la mano a mí y al bebé, que estábamos en el carro.

Esa soy yo. Pregúntele a Les: no siempre soy la que más acepta los cambios. Me siento cómoda con lo conocido. Tengo mis hábitos. Mis rutinas. Cuando se trata de cambios, es más probable que me resista a que los acepte. Soy más previsible que progresista. Les, por su parte, siempre está buscando aprovechar una nueva oportunidad. Y, si llega alguna, él cambiará de rumbo en un instante.

—Es posible que debamos tomar un vuelo a Phoenix la

semana próxima —puede llegar a anunciar sin previo aviso. Una llamada telefónica podría cambiar todos sus planes. Y, si la oportunidad es buena, él no tiene ningún problema con eso—. Mike acaba de llamar —quizás diga—, y quiere que nos reunamos con su equipo allá. ¿No te parece genial?

Por supuesto, una noticia como esta me desconcierta por completo, más allá de lo estupenda que sea la oportunidad. *¿Qué haremos con los niños?*, pienso. *¿Esto significa que tendré que faltar a mi célula? La semana próxima tengo planes de ir a almorzar con Tami. Y además, esperaba ansiosamente nuestra noche de pareja.* Mientras que el primer impulso de Les ante el cambio es la aceptación, el mío es la resistencia.

La manera de reaccionar que usted y su cónyuge tienen ante el cambio genera un impacto enorme en su conversación. Sean conscientes o no, gran parte de su conversación cotidiana gira en torno al cambio. Revisar el calendario es un ejemplo excelente. Piense en todas las conversaciones que tienen acerca de cómo administrar su tiempo. ¿Mantendrán su salida del jueves por la noche, ahora que adelantaron el plazo de entrega en el trabajo? ¿Cambiarán la fecha de su paseo por la playa, viendo ahora que hay pronóstico de lluvia para después del mediodía? Más allá de su calendario, el cambio tiene un lugar en su conversación cuando dialogan sobre cosas como si irán a su restaurante «de costumbre» o a uno distinto, si compran un carro nuevo, si renuevan algún servicio para ver contenidos por Internet, si reordenan los muebles, etcétera.

Negociar los cambios es uno de los cuatro grandes temas de conversación de todos los encuentros de pareja. Y, por esta razón, es imperativo que consideren si uno de ustedes, o ambos, valoran la lealtad como una de sus máximas necesidades de seguridad

Cualquier cambio, incluso el cambio que es para mejor, siempre viene acompañado de inconvenientes y molestias.
Arnold Bennett

emocional. Pues, una vez que entiendan cómo reacciona cada uno ante el cambio, una buena cantidad de sus conversaciones serán mucho más tranquilas.

Si su necesidad de seguridad es la lealtad, usted se resistirá al cambio

Hace unos años, la compañía Bayer dejó de poner algodón en los frascos de aspirinas. La empresa se dio cuenta de que la aspirina se sujetaba sin las exasperantes matas blancas que habían incluido desde el año 1914. «Llegamos a la conclusión de que, realmente, no había ninguna razón para seguir poniendo algodón, excepto por tradición», dijo Chris Allen, vicepresidente de operaciones técnicas de Bayer. «Y, pese al hecho de que no era necesario y que, efectivamente, dificultaba más el extraer las aspirinas del interior, todavía recibimos quejas porque a algunas personas no les agrada el cambio».

Sé exactamente de qué está hablando. Yo (Leslie) tiendo a resistirme al cambio. Prefiero el ritmo pausado y constante. El algodón del frasco de aspirinas no es un tema para mí, pero me encanta lo tradicional. ¿Por qué? Se remonta a uno de mis grandes factores de miedo: perder la estabilidad que proviene de la lealtad. Soy leal a mis amigos, a mis colegas, a mi iglesia y a mi esposo. La constancia en la lealtad me hace sentir tranquila y segura. Para mí, las amistades son para toda la vida. No suscribo a poner a prueba la relación. Si soy su amiga, contará conmigo a largo plazo, le guste o no. Y esta profunda necesidad de seguridad se traduce en lealtad en prácticamente todas las áreas, aun en la tienda de comestibles donde hago las compras. Sé que parece una tontería, si usted no tiene esta necesidad. Pero, si la tiene, sabe bien a qué me refiero.

Por supuesto, mi lealtad combinada con mi elevada necesidad de aprobación (y, por consiguiente, mi predisposición a ser influenciada por los sentimientos) me hacen más propensa a dejarme convencer, a la larga, de probar una nueva tienda de comestibles o, incluso, de subirme a un vuelo inesperado para ir a Phoenix. Después de todo, soy leal a Les, y si él quiere aprovechar una oportunidad, es muy probable que yo lo apoye. A la larga. Sin embargo, en lo profundo de mi ser, me resisto al cambio, mientras que él prospera con el cambio.

La desventaja de resistirse al cambio está poderosamente ilustrada en el libro *Enseñar a bailar al elefante*, de James Belasco. Él describe cómo los domadores amarran a los elefantes jóvenes con cadenas pesadas a unos postes profundamente incrustados, y de esta manera aprenden a quedarse en su lugar. Los elefantes más viejos y vigorosos nunca tratan de irse, aunque tengan la fuerza para arrancar el poste y huir. Su condicionamiento ha limitado sus movimientos. Solo con un pequeño brazalete de metal colocado alrededor de su pata, permanecen en su lugar.

Como los elefantes fuertes, a veces, estamos regidos por limitaciones previamente condicionadas. La declaración «Siempre lo hemos hecho de esta manera» puede ser tan limitante para el progreso de una pareja como la cadena suelta alrededor de la pata del elefante. Al fin y al cabo, a veces, el cambio es necesario. Es sano. Un ascenso o un empleo nuevo requieren de un cambio. Así como la oportunidad de que su hijo vaya a una escuela nueva donde pueda superarse. El progreso requiere del cambio. Nunca concretará sus sueños si deja pasar las buenas oportunidades por temor al cambio.

A veces, una relación inestable llega a un punto muerto porque una de las partes se resiste a cambiar. «Si no me acompañas a ver a un consejero, me largo de aquí». Ese es el momento en el que la pareja ingresa a un lugar alarmante, cuando la profunda necesidad de lealtad de la persona reticente se ve amenazada en su esencia misma: siente que podría perder al mismo tiempo la lealtad y el compromiso de su cónyuge. Hasta el elefante condicionado cambiaría en este punto. Cuando la carpa del circo se prende fuego y el elefante ve las llamas y huele el humo, se olvida de su viejo condicionamiento y corre para salvar su vida[1].

No es necesario que ninguna pareja llegue a este punto. Aun cuando el principal factor de miedo de uno de los cónyuges sea perder la lealtad, pueden aprender los principios del idioma del amor para recorrer hasta el terreno más difícil.

El único cambio que siempre es bienvenido

Más allá de cuán reticente al cambio pueda ser una persona, hay un tipo específico de cambio que siempre es bienvenido. Es la clase de cambio que conduce a la lealtad. En lugar de amenazar la necesidad emocional de seguridad de la persona, este cambio, efectivamente, la reafirma.

Nadie sabe cuál será el próximo cambio, qué oportunidad inesperada está a la vuelta de la esquina, esperando unos meses o unos años para cambiar por completo el contenido de nuestra vida.
Kathleen Norris

Piense en Melvin Udall, el escritor grosero y obsesivo compulsivo que interpreta Jack Nicholson en la película *Mejor imposible*. Melvin ofende a todas las personas que conoce. Por ejemplo, cuando comienza la película, él lanza a la mascota de su vecino por el conducto de la ropa sucia del exclusivo edificio de apartamentos en el que vive.

Pero Melvin se enamora de Carol Connelly, la camarera que interpreta Helen Hunt. Ella lo ha visto en sus peores momentos; sin embargo, de mala gana, accede a encontrarse con Melvin en un restaurante elegante para tener una cita con él. Mientras que los otros clientes del restaurante están impecablemente vestidos, Carol tiene puesto un vestido rojo muy sencillo.

Melvin divisa a Carol y le hace un gesto con la mano para que vaya a su mesa. Cuando ella se acerca, Melvin llega a su nivel más bajo, diciendo la frase: —¡Este restaurante es increíble! —exclama—. Me obligan a comprar un traje nuevo, y a ti te dejan entrar con un vestido ordinario. —Carol está atónita y se siente lastimada. Sin embargo, no se va.

En cambio, mira a Melvin a los ojos y le dice:

—Dime un halago, Melvin. Necesito uno, ahora.

Melvin responde:

—Tengo un gran halago. —¿Qué podría decir para enmendar el comentario desconsiderado que acaba de hacer? Entonces, dice una de las frases más románticas de la historia de la pantalla grande. Este hombre intensamente imperfecto, el peor enemigo de sí mismo, mira a Carol con toda la ternura y la sinceridad que su corazón marchito puede acopiar, y dice—: Carol, tú haces que yo quiera ser un hombre mejor.

Esa es la clase de cambio que todos recibimos de buena gana, seamos cautelosos o espontáneos. Cambiar las costumbres propias para convertirse en una persona mejor anula hasta la resistencia más fuerte al cambio, porque da lugar a la entrega y fomenta el compromiso. Y, por supuesto, estas cualidades son como música para los oídos de toda pareja.

La persona reacia al cambio
Dice: «Dejemos las cosas como están».
Fortalezas: Es estable, leal, colaboradora y metódica
Bajo presión se vuelve: Lenta e inflexible
Ante un conflicto se vuelve: Terca y malhumorada

La persona que acepta el cambio
Dice: «Intentemos algo nuevo».
Fortalezas: Es activa, progresista, espontánea y flexible
Bajo presión se vuelve: Intensa e inquieta
Ante un conflicto se vuelve: Distraída e impulsiva

¿Qué me dice de usted? ¿Tiende a decir: «Dejemos las cosas como están», o «Intentemos algo nuevo»? ¿Encara el cambio de la misma manera que su cónyuge? Quizás, como nos pasa a nosotros, uno sea reacio a los cambios y el otro los acepte. Va de nuevo: es probable que tengan un pálpito de dónde se encuentra cada uno en una escala como esta:

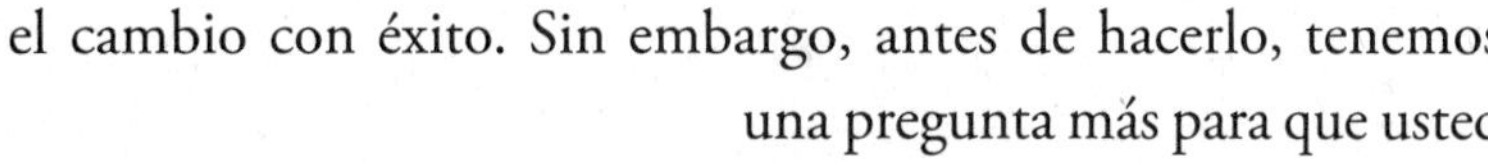

Queremos mostrarle con precisión dónde se encuentra y, luego, darle las herramientas específicas para negociar juntos el cambio con éxito. Sin embargo, antes de hacerlo, tenemos una pregunta más para que usted reflexione. Esta última pregunta, como las que la precedieron, lo acercarán más a entender su estilo y a disfrutar el idioma del amor.

Algunas personas prefieren la certeza de la desdicha, antes que la desdicha de la incertidumbre.
Virginia Satir

CAPÍTULO OCHO

¿CÓMO TOMA LAS DECISIONES?

Con prudencia o espontáneamente

Podemos hacer el intento de evitar tomar decisiones no haciendo nada, pero incluso eso es una decisión.

GARY COLLINS

UN MATRIMONIO CELEBRABA su sexagésimo aniversario de casados. En la fiesta, todos querían saber cómo habían logrado permanecer casados durante tantos años, en estos tiempos en los que tantos matrimonios no lo logran. El marido respondió: «Cuando recién nos habíamos casado, llegamos a un acuerdo. Yo tomaría todas las decisiones importantes, y mi esposa tomaría todas las decisiones menores. Y, en sesenta años de matrimonio, nunca tuvimos que tomar una decisión importante».

Esa es una manera de encarar las decisiones. Seguramente, le resultará graciosa, pero es probable que no ayude a que su relación avance en la dirección correcta. Porque, en realidad, no es tan simple. Se necesitan dos personas para decidir hacia dónde van como pareja, razón por la cual algo que pareciera ser muy sencillo puede, en verdad, ser muy complicado. Para la mayoría de las parejas, tomar decisiones es uno de los aspectos más insoportables de sus conversaciones. Como en las tres áreas anteriores (la resolución de problemas, la influencia de uno en el otro y la reacción a los cambios), a todas las parejas la toma de decisiones les absorbe una incalculable cantidad de horas de discusiones. Establecer si usted y su cónyuge encaran las decisiones de una manera prudente o espontánea puede brindarle un enorme entendimiento a cada uno de ustedes, lo cual facilitará el hablar de las decisiones importantes y las menos importantes que tengan que tomar.

Permítanos empezar a explorar con usted esta área, nuevamente, mostrándole lo que hemos aprendido personalmente sobre nosotros mismos en el proceso de tomar decisiones.

Antes de casarnos, fuimos novios durante siete años. Estuvimos casados catorce años antes de tener a nuestro primer bebé. ¿Cree que luchamos con las decisiones que tomamos? Podría decirse que sí. Pero, pensándolo bien, eso sería correcto solo en parte. Lo cierto es que, a veces, somos bastante prudentes a la hora de tomar decisiones y, a veces, muy espontáneos porque, en lo individual, tenemos maneras medianamente distintas en este proceso. Les es menos convencional y más independiente para tomar decisiones, mientras que yo soy más convencional y prudente.

Déjeme que le cuente sobre nuestro compromiso. Yo tenía catorce años cuando tuvimos nuestra primera cita y, como dije, salimos siete años antes de dar el sí. Durante ese tiempo, nunca nos separamos; no hasta que nos comprometimos. Dejo que Les continúe a partir de aquí.

«Tenemos que hablar». Las palabras más amenazantes del vocabulario de una pareja. Y, apenas escuché que Leslie las pronunciaba, supe que algo muy importante venía en camino. Habían pasado tres meses desde nuestro compromiso, y faltaban seis para nuestra boda. Sus palabras, aunque dichas dulcemente, fueron como un golpe seco a mi corazón.

Ella estaba seria y yo, muerto de miedo. No recuerdo exactamente cómo se desarrolló el drama (ahora, todo me resulta un poco confuso), pero sí recuerdo estar de pie y totalmente conmocionado mientras ella me decía que necesitábamos un «tiempo».

—¿Un tiempo? —aullé—. Te daré todo el tiempo que necesites; solo te pido que me digas que nos casaremos igual.

—No puedo hacerlo. —Leslie empezó a llorar.

Yo también lloré.

—¿De qué se trata todo esto? —imploré—. Pensé que estaba todo bien.

—Está bien, pero necesito saber con seguridad que yo estoy tomando esta decisión tanto como tú —dijo ella.

No podría haberme sentido más desolado. Más abatido. Más desconsolado. ¿Nosotros, separarnos? ¿Cómo era posible? Si no lo había sabido hasta entonces, lo supe en ese momento: el amor duele. Es tortuosa la ruta para encontrar el amor duradero. Desde luego, Leslie y yo volvimos a ser novios y la boda siguió adelante según lo planeado. Pero, durante el mes y medio que estuvimos separados, nunca me sentí tan solo.

Si su necesidad de seguridad es la calidad, tomará decisiones de manera prudente

A pesar de tantos años que llevábamos como novios, yo (Leslie) sentía la profunda necesidad de estar segura de que mi decisión de casarme era la correcta. No solo porque el matrimonio sea una gran decisión, sino porque también tengo la fuerte necesidad de seguridad de alcanzar niveles de calidad. Esto hace que me angustie por algunas decisiones mucho más que Les. Tiendo a poner en la balanza los pros y los contras de diversas ideas y pocas veces me comprometo o declaro cuáles son mis intenciones, hasta que lo he hecho.

Veamos un ejemplo menos sensible y serio que el matrimonio o el tener un hijo, pero que también es importante. Considere la compra de una casa o la decisión de dónde vivir. Hace un par de años, cuando un agente de bienes raíces nos mostraba propiedades en Seattle, llegamos a un terreno próximo a un campo de golf, del cual los dos nos enamoramos. Cerca de allí, había senderos naturales y además tenía vista a las montañas. Era bellísimo. Les estaba listo para hacer una oferta. Yo no. Me encantaba la propiedad, pero necesitaba pensar cómo repercutiría en nuestra vida el hecho de vivir ahí: los colegios a los que irían mis hijos y cómo me relacionaría con mis amigos.

—¿No tienes que pensar detenidamente en esto? —le pregunté a Les.

—Sé que podemos hacer que funcione —replicó él—. Está más lejos del aeropuerto, pero ¿en qué otro lugar vas a encontrar un terreno como este? Es genial. Yo digo que lo compremos antes de que lo haga otra persona.

—Es que no lo sé. Me encanta la propiedad, pero podría cambiar mucho la calidad de vida de nuestros hijos. No podrán ir a Kings, o, para hacerlo, tendrían un viaje tremendo todos los días. Y eso cambiaría nuestro círculo social. Tendríamos que ir a otra iglesia.

> *El prudente rara vez se equivoca.*
> Confucio

Entiéndame de qué hablo. Cuando hay que tomar una decisión, yo soy más cuidadosa y precavida que Les. Él es más arriesgado que yo. Además, es menos convencional, más innovador e independiente en la toma de decisiones. Yo soy más conformista, más propensa a seguir las reglas y a hacer lo correcto y de la manera correcta. Si la invitación a una cena dice que nos esperan a las siete, eso es lo que pretendo hacer. Les no. Es posible que él decida llevar a lavar el carro de camino a la cena, y que lleguemos diez minutos tarde. Para él, eso no es algo grave. Mientras yo me siento obligada a cumplir las normas y los procedimientos, y siento culpa cuando no lo hago, Les considera que las normas son lineamientos y simples sugerencias que lo ayudan a lograr su objetivo. Él prefiere traspasar los límites, romper las reglas y pedir perdón, en lugar de pedir permiso. Si necesita hablar con alguien, es capaz de llamarlo a altas horas de la noche, mientras que a mí ni en sueños se me ocurriría arriesgarme a la posibilidad de despertar a la persona con mi llamada. Sea la decisión trascendente o menor, importante o no, yo soy más prudente y él es más espontáneo.

Hacer algo bien es, a menudo, una pérdida de tiempo.
Robert Byrne

Vigile el nivel de calidad

Si las dos personas de la relación son prudentes al tomar decisiones, serán menos propensas a mantener diálogos turbulentos sobre qué hacer cuando están frente a una encrucijada. De hecho, evaluarán cuidadosamente sus opciones y disfrutarán de la preocupación que tienen en común por tomar la decisión correcta y de la manera adecuada. Sin embargo, esto no asegura que su decisión siempre sea la mejor (podrían dejar pasar una oportunidad mientras analizan sus opciones). Por otra parte, si ambos en la relación toman las decisiones espontáneamente, podrán actuar rápido, pero eso no significa necesariamente que tengan menos peleas. Al fin y al cabo, su espontaneidad puede llevarlos a tomar decisiones caras, de las cuales luego podrían arrepentirse.

Observe este ejemplo de una decisión tomada de manera espontánea, relativa al mundo de la aviación. Chuck Yeager, el reconocido piloto de pruebas, estaba volando un F-86 Sabre sobre un lago de las Sierras. Durante una inclinación lenta, de repente sintió que se bloqueaba su alerón. Cuenta Yeager: «Fue un momento complicado, volaba a unos quince metros de altura, cabeza abajo».

Un piloto menos preparado se hubiera aterrado (con resultados fatales), pero Yeager liberó la fuerza g e hizo subir la nariz y, como era de esperarse, el alerón se desbloqueó. Yeager sabía que tres o cuatro pilotos habían muerto bajo circunstancias similares, pero, hasta el momento, los investigadores seguían desconcertados sobre el origen de la falla fatal del Sabre. Yeager se presentó ante su superior con un informe y los inspectores se pusieron a trabajar. Descubrieron que un tornillo del cilindro del alerón estaba instalado al revés.

Finalmente, el origen del defecto fue encontrado en una planta norteamericana. El rastreo condujo a un hombre mayor que trabajaba en la línea de montaje, quien ignoró las instrucciones de cómo insertar ese tornillo porque, caramba, él sabía que los tornillos supuestamente debían colocarse cabeza arriba, no cabeza abajo. En un comentario triste, Yeager dice que nadie siquiera le informó al hombre a cuántos pilotos había matado[1].

Es un ejemplo dramático, pero plantea la idea de manera clara. Necesitamos reglas que hagan cumplir los niveles de calidad. Necesitamos considerar nuestras decisiones con cautela. Es por esa razón que el cónyuge que toma las decisiones espontáneamente tiene que respetar y honrar al cónyuge más prudente. Y si ninguno de ustedes es muy prudente, en el próximo capítulo les ofreceremos algunas sugerencias muy específicas.

La persona que decide prudentemente
Dice: «Todavía no estoy seguro».
Fortalezas: Es concienzudo, de estándares elevados y certero
Bajo presión se vuelve: Estricto y perfeccionista
Ante un conflicto se vuelve: Indeciso e inflexible

La persona que decide espontáneamente
Dice: «Vamos, hagámoslo».
Fortalezas: Es audaz, decidido e independiente
Bajo presión se vuelve: Conflictivo y desconsiderado
Ante un conflicto se vuelve: Imprudente y arrogante

Entonces, se lo preguntaremos una vez más: ¿Cómo son usted y su cónyuge? Cuando se trata de tomar decisiones, ¿encajan claramente en uno de estos bandos? ¿Están en un punto intermedio entre la prudencia y la espontaneidad? Tal vez lo resuelvan mirando algo como esto:

Bien, es tiempo de descubrir no solamente sus tendencias al tomar decisiones, sino también ante las otras tres preguntas. Les mostraremos cómo pueden identificar exactamente dónde se posiciona cada uno en las cuatro escalas que hemos estado describiendo y cómo mejorar juntos la comunicación, una vez que lo comprendan.

Vamos a asegurarnos de que usted vea con claridad de qué manera su factor personal de miedo tiende a influir en sus respuestas a las cuatro preguntas que acabamos de incluir en los capítulos anteriores, las preguntas que determinan su estilo de hablar. A propósito, estos cuatro factores de miedo son fáciles de recordar porque componen la sigla TALC.

T-Tiempo
A-Aprobación
L-Lealtad
C-Calidad

Si su principal factor de miedo es la pérdida de...

- tiempo: tenderá a encarar los problemas agresivamente, más que reflexivamente.
- aprobación: tenderá a influir con sentimientos, más que con información.
- lealtad: tenderá a ser más reacio al cambio que a aceptarlo.
- calidad: tenderá a tomar decisiones con prudencia, más que con espontaneidad.

Por supuesto, la clave es responder con precisión las preguntas que hemos estado planteando. Sin duda, usted tiene una opinión en cuanto a dónde se posiciona en cada una de ellas, pero puede llevarlo a un nivel mucho más profundo y acertado si se guía por algo más que una mera opinión. Además, le garantizamos que no encaja perfecto en un extremo u otro de cada una de estas preguntas (su factor primordial de miedo determina qué extremo alcanza usted en cada una de ellas). Por ejemplo, puede estar justo a la mitad de la escala entre la resolución agresiva y la resolución reflexiva de los problemas. Es posible que resuelva de manera agresiva algunos problemas y, otros, de manera reflexiva. Puede ser moderadamente agresivo, o moderadamente reflexivo. Lo mismo puede aplicarse a cada una de las preguntas. Entonces, cuando observa la totalidad de las cuatro secuencias, podría verse como algo así:

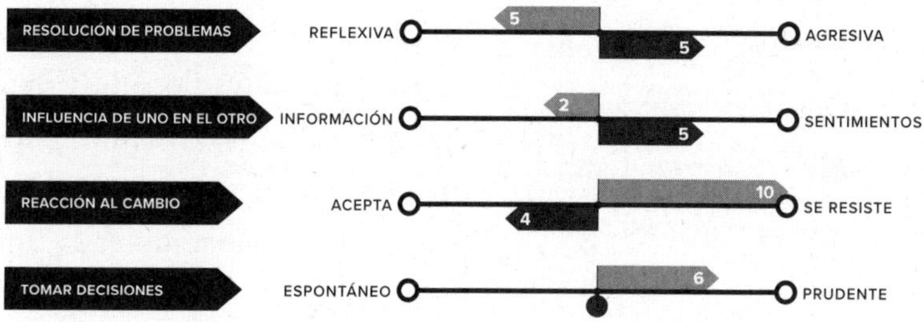

No solo eso: su estilo de hablar resulta tremendamente impactado por cómo interactúan estas cuatro secuencias. Por ejemplo, yo (Leslie) ya le conté que tengo la fuerte necesidad de una lealtad constante. Es un valor poderoso para mí. Lo previsible me hace sentir segura. Pero también necesito fuertemente la seguridad de lograr la aprobación de otras personas. De hecho, esta necesidad a menudo se impone a mi necesidad de previsibilidad. Así que no siempre me resisto tanto al cambio como usted podría pensar. Como deseo agradarles a las personas (en especial, a Les) y que ellas me aprueben, puedo ser muy espontánea, cuando eso no interfiere con mis lealtades más preciadas.

En otras palabras, su estilo de hablar es un poco más complejo que dar su opinión sobre cómo respondería a estas cuatro preguntas. Ambos crean juntos un estilo distinto de comunicación, y nosotros les enseñaremos en un lenguaje sencillo cómo se combinan sus tendencias para crear modelos previsibles que, una vez comprendidos, puedan ayudarlos a alejarse de la falta de comunicación y conducirlos a niveles más profundos de entendimiento. Les mostraremos cómo hacerlo. No solo eso, sino que les brindaremos información específica sobre cómo pueden minimizar los conflictos y resolverlos rápidamente, tomar decisiones que sean verdaderamente beneficiosas para sus estilos individuales, resolver juntos los problemas más rápido y, sobre todo, unir sus espíritus hablando cada uno el idioma del otro como nunca antes lo hicieron.

Esta comunicación de la esencia del hombre con su amigo obra dos efectos contrapuestos, pues duplica las alegrías y reduce a la mitad las penas.
Aristóteles

TERCERA PARTE

Disfrutando el idioma del amor

Felicitaciones. Acaban de empezar a decodificar sus estilos personales de hablar para descubrir maneras específicas de comunicarse uno con el otro. Con esta nueva comprensión, están a punto de disfrutar todo lo que el idioma del amor tiene para ofrecer. Entonces, en esta última parte del libro, llevaremos sus nuevas perspectivas a un nivel más profundo, comenzando con el secreto para la conexión emocional. Si no aprende esto, poco incidirá que conozcan sus estilos de hablar. Les ayudaremos a aplicar sus estilos de hablar a las diferencias de géneros, a escuchar con el tercer oído, a la paradoja que existe en toda relación y, finalmente, a la conversación más importante que tendrán en su vida.

CAPÍTULO NUEVE

HABLAR EN LA CUERDA FLOJA

El secreto de la conexión emocional

Una buena cabeza y un buen corazón son siempre una combinación formidable.

NELSON MANDELA

DAMAS Y CABALLEROS, saquen sus calculadoras. Según un estudio de la Universidad de Washington, el matrimonio ahora puede ser reducido a una ecuación: los investigadores afirman que pueden «cuantificar en verdad el índice de interacciones positivas a negativas necesarias para mantener en buena forma al matrimonio»[1]. Descubrieron que «las parejas satisfechas, independientemente de cómo sea su matrimonio comparado con el ideal, eran aquellas que mantenían una relación de momentos positivos a negativos de 5 a 1».

Desde el momento que Leslie y yo encontramos esta investigación intrigante, inmediatamente supe qué hacer. En la cocina de casa, en la cara interna de la puerta de nuestra despensa, encontrará una pizarra blanca y un rotulador que sirven para la «comunicación central» de nuestro hogar. Si hay algún mensaje importante para pasarnos entre nosotros, ahí es donde lo encontrará. Además, parece el lugar perfecto para tabular nuestras conversaciones. Quise poner estos descubrimientos a prueba en nuestro propio matrimonio y ver cómo cuadrábamos nosotros.

—¿Qué es esto? —preguntó Leslie cuando abrió la puerta de la despensa para buscar una lata de tomates. Estaba mirando la pizarra donde yo había escrito «Buena charla/Mala charla». Había subrayado las palabras y dibujado una línea vertical a la mitad.

—Es un lugar para medir nuestro índice positivo/negativo —dije con expresión seria.

—Ay, por favor —se quejó Leslie—. No estás hablando en serio. ¿Te volviste loco?

Pensé un instante, me levanté de la silla donde estaba leyendo el periódico y me acerqué a la pizarra. Quité la tapa del rotulador.

—¿Qué haces? —preguntó Leslie.

—Anoto esta interacción como algo negativo.

Como se imaginará, ahí se terminó mi miniexperimento. Así que no se preocupe, no le sugerimos que categorice y tabule sus conversaciones. Pero sí recomendamos que aprovechen un componente del idioma del amor que promete aumentar su índice de momentos positivos sin tener que hacer un seguimiento. Hemos visto que cambia para siempre la manera de hablarse uno al otro en cientos de parejas. Y hemos observado los cambios que obró en nosotros.

La anatomía del idioma del amor

Hace varios años, fuimos al funeral del doctor Paul Brand, quien falleció a los ochenta y ocho años. El aclamado escritor Philip Yancey ofreció un panegírico conmovedor y elocuente, destacando la importancia del doctor Brand dentro de la comunidad médica: su distinguida función de conferenciante en todo el mundo, sus premios prestigiosos, una cirugía de la mano que recibió su nombre en honor a él, y el haber sido designado Comandante de la Orden del Imperio británico por la reina Elizabeth II. Pero, luego de mencionar estas distinciones, Philip dedicó la mayoría de sus comentarios a la capacidad del doctor Brand para equilibrar su altísimo intelecto con su bondad y su amabilidad inagotables.

En los últimos años de su profesión, las facultades de medicina en todo el mundo lo invitaban a dirigirse a sus estudiantes, los futuros médicos, para hablarles de la deshumanización de la medicina orientada hacia la alta tecnología y las entidades prestadoras de servicios para la salud. Brand expresaba el principio rector de su profesión médica de esta manera: «El bien más preciado que todo ser humano tiene es su espíritu, su voluntad de vivir, su sentido de dignidad, su personalidad. Aunque, técnicamente, estemos interesados en los tendones, los huesos y las terminaciones nerviosas, nunca debemos perder de vista la persona a la cual estamos tratando».

Otras personas que habían volado a Seattle para el funeral hablaron de la vida del doctor Brand y de sus aportes. Pero fue un colega cirujano de manos quien la resumió mejor cuando dijo: «Paul era un hombre que practicaba la medicina con el corazón, tanto como con la cabeza; ahí residía su grandeza».

Ambas palabras, *corazón y cabeza*, en la misma oración resonaron en Les y en mí. Conocimos a Paul y a su esposa, Margaret, en sus últimos años de vida, y, aun teniendo más de ochenta años, este acto de equilibrio poco común era evidente en ellos. Por eso, Les y yo nos miramos con complicidad cuando este hombre pronunció esas palabras. Pues es este delicado equilibrio del corazón y de la mente lo que constituye la anatomía del idioma del amor.

Cuando el ganador del Premio Nobel de la Paz, Nelson Mandela, dijo: «Una buena cabeza y un buen corazón son siempre una formidable combinación», podría haber estado hablando de las relaciones íntimas. La pareja que sintoniza esta poderosa combinación descubre una profundidad nueva en sus conversaciones, una manera completamente nueva de conectarse.

Aclaremos esto bien: nuestras *capacidades analíticas* involucran la capacidad de *pensar* que tenemos. Su cónyuge está trabajando en un presupuesto que no puede conciliar. Usted le ofrece su ayuda desglosándolo en causas y en posibles soluciones. «Cariño, ¿compramos algo que no registramos?», es posible que le pregunte. «¿Hay algún motivo por el que nuestra factura de electricidad sea tan alta este mes?». Recolectamos información y encaramos racionalmente el problema para poder resolverlo. De eso se trata el análisis. Proviene de la cabeza y se basa en la información.

Nuestras *capacidades compasivas*, por otra parte, involucran la capacidad que tenemos de *sentir*. Al ver que su cónyuge lucha con un presupuesto que no coincide, usted dice: «Lamento que las columnas no tengan sentido. Debe ser frustrante. ¿Puedo hacer algo por ti?». La compasión despierta nuestros sentimientos. Si nuestro cónyuge sufre, sentimos su dolor. Si ella está contrariada con la empresa del servicio eléctrico, sentimos su frustración. La compasión tiene su origen en el corazón y se basa en los sentimientos.

El análisis...	**La compasión...**
Viene de la cabeza	Viene del corazón
Se caracteriza por pensar	Se caracteriza por sentir

Sea cual sea su estilo único de hablar, estos son los ingredientes universales del idioma del amor. Pensar. Sentir. Es así de simple. Bueno, casi. ¿Alguna vez escuchó decir que algo puede ser más grande que la suma de sus partes? Este axioma científico, ciertamente, aplica al idioma del amor. Una vez que combina el pensamiento y el sentimiento, la cabeza y el corazón, le abre la puerta a la cualidad más descuidada de la conversación significativa: la empatía.

Que sus conversaciones sean cordiales y agradables.
Colosenses 4:6

Análisis + Compasión = Empatía

La empatía es el plato fuerte del idioma del amor. Independientemente de cómo conteste las cuatro preguntas que determinan su estilo de hablar, no disfrutará plenamente lo que tiene para ofrecer el idioma del amor hasta que usted se fije en la empatía.

Ejercicio 10

El autodiagnóstico de cabeza y corazón

Antes de que demos otro paso, cada uno debería evaluar si es naturalmente más propenso a dejarse guiar por la cabeza o por el corazón. Entonces, tómese un momento, ahora mismo, para hacerlo. Este autodiagnóstico que está en la guía de estudio es fundamental para que entienda y aplique el idioma del amor a su vida personal.

La esencia del idioma del amor

Elija cualquier profesión. Enseñar a alumnos de segundo grado es un buen ejemplo. Se puede mejorar la efectividad de una maestra haciéndola andar de rodillas por el salón de clases. Cuando vea ese espacio desde la perspectiva de un niño de segundo grado, estará en mejores condiciones para enseñarle. ¿O qué le parecería servir en un restaurante de comida rápida? Las principales cadenas gastan dinerales enviando «falsos clientes» a sus tiendas para observarlas como las ven los clientes. Las agencias de publicidad de la Avenida Madison se ganan la vida poniéndose ellos mismos en el lugar de los consumidores. Las iglesias que crecen lo hacen porque estudian cómo es la experiencia de una persona que las visita por primera vez y porque el pastor se imagina cómo es sentarse en un banco de iglesia. Los «miembros del elenco» de Disney World son entrenados específicamente para sentir afinidad con las familias que visitan sus parques temáticos.

Ya sea en la medicina, en las empresas, en la educación o en el entretenimiento, la *empatía* es un componente primordial del éxito[2]. Pero es aún más esencial para el éxito de la comunicación en la pareja. La empatía (la capacidad de ver el mundo exactamente a través de los ojos de su cónyuge) es lo que posibilita una conexión profunda y valiosa. Literalmente, le permite participar de la experiencia de su cónyuge. Es lo que quería decir el poeta Walt Whitman, allá por el año 1855, cuando escribió su obra maestra, *Hojas de hierba*: «No me pregunto cómo se siente la persona herida; yo mismo *me convierto* en la persona herida».

Sin empatía, la conversación se transforma en lo equivalente a hablar por celular con una señal que va y viene y un auricular lleno de estática. Pero cuando la empatía entra en escena, la claridad resuena con cada oración, cada frase y cada palabra, porque su corazón se hace eco de las emociones, mientras que su cabeza analiza la precisión de las mismas. Esa es la quintaesencia del idioma del amor.

La empatía es lo que posibilita que usted interprete con exactitud el estilo de hablar de su cónyuge: saber por qué él o ella resuelve los problemas con agresividad o reflexivamente, por qué toma decisiones de manera prudente o espontánea, y todo lo demás. *Sobre todo, la empatía es la herramienta esencial que tiene usted para acceder a la necesidad de seguridad emocional más importante de su cónyuge.* Cuando empieza a reconocer que su cónyuge, esencialmente, tiene miedo a perder su lealtad o su aprobación, por ejemplo, la empatía lo catapulta a una estratósfera completamente nueva de compasión y comprensión por él o ella. En otras palabras, la empatía da lugar a la gracia.

«La empatía mutua es el gran y no valorado don humano», dice el psiquiatra Jean Baker Miller. Cuando el hombre y la mujer se ponen en los zapatos del otro, entremezclando cabeza y corazón, descubren una profundidad de comprensión que los demás apenas imaginan en sueños. Los problemas que eran insignificantes quedan, literalmente, a medio camino cuando acceden a lo que, en el fondo, realmente es importante para los dos.

El efecto de la empatía mutua en el matrimonio y en las relaciones de pareja es asombroso. Las investigaciones han revelado que, por ejemplo, el 90% de nuestros malentendidos se resolverían si no hiciéramos más que ver la cuestión desde la perspectiva de nuestro cónyuge. Por esta razón, la empatía es la esencia del idioma del amor. Una vez que comiencen a poner en práctica esta habilidad invaluable, además de sus conocimientos sobre la combinación de sus estilos de hablar, se sentirán como mineros que han encontrado la veta principal del oro. No podrán creer lo afortunados que son.

Está bien, dice usted, sabemos que la empatía es importante; entonces, ¿por qué se la descuida tanto? La empatía no siempre es fácil porque, como dijimos, les exige a ambos su mente y su corazón, simultáneamente. La mayoría usamos uno u otro bastante bien, pero recurrir a ambos puede ser complicado (que es precisamente lo que demanda la empatía).

En caso de que se lo pregunte, usted no está exento. Si está pensando que algunas personas no fueron hechas para la empatía y que usted es una de ellas, de modo que está liberado, se equivoca. Todos tenemos la capacidad de la empatía. A menos que sea un auténtico narcisista, o un desviado sin ninguna conciencia, usted puede usar su cabeza y su corazón para ponerse en el lugar de su cónyuge. Está comprobado. Desde el comienzo de la vida, hay algo en nuestra naturaleza que nos proporciona las cualidades para la empatía humana. Cuando un recién nacido ya satisfecho escucha llorar a otro bebé, por ejemplo, también empieza a llorar. No es solamente un sonido fuerte, sino el sonido de otro ser humano afligido lo que dispara el llanto del bebé[3].

Por eso, permítanos subrayar este punto importante: si bien el análisis y la comprensión son importantes, ninguno está a la altura de la empatía; esta se inspira en lo mejor de ambos. La empatía tantea el terreno. Lentamente, trata de enfrentar con calma el problema del cónyuge, antes que hacer el intento de solucionarlo. Dice: «Sé cómo me sentiría si fuera tú, pero no lo soy, así que déjame hacer el intento de comprender». La comprensión ocupa un lugar central en un matrimonio o en una relación de pareja

Solo cuando entendemos plenamente las opiniones y las actitudes distintas a las nuestras, y las razones de su existencia, podemos entender mejor nuestro propio lugar en el esquema de las cosas.
S. I. Hayakawa

inmersa en el idioma del amor. La empatía lo pone en los zapatos de su cónyuge y le permite ver el mundo como él o ella lo ve, a través del cristal de su factor personal de miedo. Potenciada por el doble motor de su cabeza y de su corazón, la empatía procura comprender, antes que ser comprendida.

Si hay un secreto para el éxito, consiste en la capacidad de entender el punto de vista del otro y ver las cosas desde su perspectiva, tanto como de la propia.
Henry Ford

Un ejercicio rápido de empatía

Tómese un momento, ahora mismo, para empaparse del mundo de su cónyuge. Le llevará apenas diez minutos, más o menos, y perfectamente podría cambiar para siempre la manera de verse uno al otro.

Esto es lo que tiene que hacer: imagine, lo más claro que pueda, cómo sería despertarse mañana siendo su cónyuge. ¿Puede visualizar la situación? Por ejemplo, si está casado, una de las primeras cosas que notaría, sin dudas, sería a usted mismo dormido al otro lado de la cama. Si están de novios, tal vez observaría que está durmiendo en otra parte de la ciudad. ¿Puede continuar a partir de ahí? Le pedimos que se lo tome en serio; por lo tanto, no pase por alto la próxima sección. Sabemos que podrá parecerle ridículo, pero hemos guiado a cientos de parejas por este recorrido imaginario y, casi siempre, salen de él valorando de una manera renovada a su cónyuge. En una ocasión, cuando estábamos haciendo esto en nuestra propia relación, yo (Leslie) imaginé cómo sería sentir en carne propia la presión de tener que pagar las cuentas y que todos los números den bien. Hasta ese momento, nunca lo había pensado. Era un «trabajo de Les». Desde que imaginé cómo sería, aprecio mucho más esto que antes subestimaba.

Entonces, tómese unos minutos e imagine la vida siendo su cónyuge a lo largo de un día normal. Mientras lo hace, tenga en cuenta el principal factor de miedo de su cónyuge. Si teme perder tiempo, filtre cada paso que dé durante el día teniendo presente esta necesidad de seguridad. Luego, comparen qué observó cada uno, compartiendo su experiencia. A continuación, verá un plan paso a paso que los ayudará a realizarlo.

Primero, cierre los ojos y véase usted mismo, en su imaginación, como su cónyuge. Haga lo mejor posible por imaginar cómo sería vivir en la piel de ella o de él. A continuación, observe un día típico y hágase las siguientes preguntas (tal vez, cada uno quiera tomar notas del día a día para luego comparar sus pensamientos con las notas de su cónyuge).

En un día típico, como su cónyuge...

- ¿A qué hora se levantó a la mañana y cómo durmió? ¿Cómo es su humor matutino y por qué?
- ¿Cuánto tiempo le llevaría prepararse para el día? ¿Pasaría más o menos tiempo frente al espejo? ¿Qué ropa se pondría?
- ¿A qué hora saldría de casa, si es que debiera salir? ¿Cuáles serían sus actividades a lo largo del día?
- ¿Cuáles serían sus preocupaciones durante un día común y corriente? ¿Qué cosas probablemente lo tensionarían?
- ¿Qué le causaría la mayor alegría o satisfacción durante un día normal?
- ¿Tendría numerosas responsabilidades o presiones económicas?

- ¿Comería algo diferente? ¿Haría ejercicios físicos? ¿Estaría más o menos preocupado por su apariencia física?
- ¿Se sentiría más o menos seguro de sí mismo?
- ¿Cómo interferiría el factor personal de miedo que tiene su cónyuge en las interacciones sociales (incluso con usted)?
- ¿Cómo se sentiría al llegar el final del día mientras se prepara para la cena? ¿Qué tendría en mente?
- ¿Y cómo se sentiría en cuanto a su cónyuge (¡que sería usted!)? ¿Qué es lo que más querría de él o ella? ¿Cómo se comunicaría con su cónyuge?

Felicitaciones por completar estas preguntas. Si se lo tomó con seriedad, sin dudas, después de hacer esto tendrá una perspectiva singular y actual de la vida de su cónyuge. Si tomaron notas, compárenlas, y pídale que haga comentarios sobre la perspectiva que usted tiene sobre la vida que él o ella viven.

Ejercicio 11

El ejercicio de la empatía

Si están usando las guías de estudio para hombres y mujeres, encontrarán allí el siguiente ejercicio, con algunos elementos agregados. Los alentamos a que ambos usen las guías de estudio porque eso les resultará mucho más personal y significativo.

Encuentre su equilibrio

Imagine que está en una plataforma que alcanza los veinte metros de altura. Ahora, piense que da un paso, y que hay apenas un cable metálico de dos centímetros entre usted y el suelo. Bienvenido al mundo de la cuerda floja. Con siglos de antigüedad, este espectáculo ha ganado la aclamación mundial gracias a diversos «acróbatas», muchos de los cuales se hicieron famosos cruzando una cuerda floja tendida sobre las Cataratas del Niágara. Pero, por lejos, el funámbulo de la cuerda floja más célebre es Philippe Petit, cuya caminata no autorizada de 1974 entre las Torres Gemelas del World Trade Center, en Nueva York, es legendaria. En su libro, *Alcanzar las nubes*, Petit describe su temeraria caminata a 410 metros sobre el suelo.

¿Cómo logra él, u otra persona, mantener el equilibrio mientras camina sobre semejante cuerda floja? La respuesta se encuentra en las leyes de la física. Para el funámbulo, la cuerda es el eje alrededor del cual el centro de la masa (el cuerpo del artista) puede dar vueltas. Si el centro de la masa no está directamente encima de la cuerda, el artista empieza a voltearse y, si no se corrige, ciertamente caerá.

El truco es generar más tiempo para corregir el desequilibrio. Y *es* un truco. La llaman la «vara del equilibrio»; la misma puede alcanzar una longitud de hasta doce metros y un peso de hasta catorce kilos. Esta vara permite tener más tiempo para desplazar el centro de la propia masa a la posición deseada sobre la cuerda. Cuanto más larga y más pesada sea la vara, más fácil es encontrar el equilibrio porque el artista puede contrarrestar el movimiento hacia adelante y hacia atrás.

De la misma manera, usted y yo podemos encontrar un equilibrio entre nuestra cabeza y nuestro corazón cuando practicamos la empatía. La empatía es la vara del equilibrio del idioma del amor. Regula cuánto comprendemos y cuánto analizamos. Cuando empezamos a resolver algún problema sin considerar los sentimientos de nuestro cónyuge, la empatía nos lleva de vuelta a la línea media sin causar un desastre en la relación. Cuando corremos el riesgo de asfixiar a nuestro cónyuge con una sobrecarga de emociones, la empatía hace que lo dejemos tranquilo y nos centremos en la conversación. Dicho de otra manera, la empatía equilibra cuánto hablamos con el corazón y cuánto hablamos con la cabeza. Ese es un acto de equilibrio con el cual toda relación puede beneficiarse.

El truco, desde luego, es aprender a encontrar ese equilibrio en su relación. Si ustedes son como nosotros (y como la mayoría de las parejas), saben en qué punto ese equilibrio parece desajustarse. Para la mayoría, el problema en verdad es bastante previsible. Si usted es el varón, es más probable que improbable que su Puntuación de la Cabeza sea más alta que la de su cónyuge. Si usted es la mujer, no es sorprendente que su Puntuación del Corazón sea más alta que la de él. Esto es válido para la mayoría de las parejas, y es la razón por la que dedicamos el próximo capítulo a ayudarlos a ustedes, como hombre y como mujer, a caminar con seguridad sobre las diferencias de género mientras aprenden a llevar la vara del equilibrio del idioma del amor.

Que no busque yo tanto ser consolado como consolar; ser comprendido como comprender; ser amado como amar.
Oración de san Francisco de Asís

CAPÍTULO DIEZ

LOS HOMBRES ANALIZAN; LAS MUJERES COMPRENDEN

Ahora tiene sentido

Dondequiera que se junten personas de sexos distintos, están destinadas a que haya fracturas por tensión según las diferencias de género.

DEBORAH TANNEN

CUANDO LOS HOMBRES y las mujeres se refieren a las «conversaciones», es posible que no estén hablando de lo mismo. La teórica en comunicación Deborah Tannen informa sobre un estudio en el que los alumnos registraron conversaciones informales entre amigas y amigos. Resultó simple recoger los registros de las charlas entre amigas, en parte, porque el pedido de «registrar una conversación con tu amiga» fue fácilmente cumplido por las amigas y familiares mujeres de las alumnas. Pero pedirles a los hombres que grabaran las conversaciones con sus amigos arrojó resultados dispares. La madre de una alumna accedió inmediatamente, pero su padre aseguró que él no tenía conversaciones con sus amigos.

—¿Acaso nunca hablas por teléfono con Fred? —le preguntó ella, mencionando al hombre que sabía que era un buen amigo suyo.

—No muy a menudo —dijo él—. Pero, si lo hago, es porque tengo algo que preguntar y, cuando consigo la respuesta, corto.

El esposo de otra alumna le entregó una cinta, sumamente satisfecho y orgulloso.

—Esta es una buena conversación —anunció—, porque no fue que él y yo le dimos a la lengua al estilo de: «Hola, ¿qué tal? El otro día vi una buena película», y cosas como esas. Aquí hablamos de solucionar un problema. Cada frase es importante.

Cuando la mujer oyó la grabación, escuchó que el esposo y su amigo trataban de resolver un problema de la computadora. Ella no solo no la consideraba «una buena conversación»; directamente, ni siquiera le parecía una conversación. La idea que él tenía de una buena conversación es la que se trata de un contenido fáctico, enfocada en alguna tarea. La de ella era una conversación que mantuviera una conexión emocional[1].

Y así es la vida. Durante siglos, y sin duda mucho antes de que los estudios sobre género fueran concebidos, varones y mujeres han estado desconcertados por la capacidad conversacional de unos y otros. Pero una cosa en la que sí están de acuerdo los géneros es en el valor supremo de la comunicación. El 82% de los hombres y el 92% de las mujeres dicen que la comunicación transparente y habitual es «sumamente importante» en el matrimonio y en las relaciones de pareja[2]. Así que seguimos intentando.

Este capítulo está dedicado a ayudarlos, como hombre y como mujer, a terminar parcialmente con el misterio de las diferencias de género. Porque, aunque entiendan el estilo de hablar de cada uno, estas diferencias siguen existiendo (más allá de que su conocimiento sí las disminuya). No garantizamos subsanar la milenaria diferencia entre los géneros en apenas unas pocas páginas, pero sí tenemos la intención de darles algunas ideas prácticas para lidiar con ella. Exploraremos hasta qué punto nos diferenciamos en las conversaciones y sacaremos a la luz el «error fundamental de la relación entre géneros», error que los hará tropezar cada vez. Luego, revelaremos qué necesitan saber hombres y mujeres sobre su respectivo cónyuge.

Entonces, comencemos con un dato claro: los hombres y las mujeres son diferentes.

¿Somos tan diferentes?

Estoy parado frente al refrigerador abierto, y se produce el siguiente diálogo:

YO: —¿Dónde está la mantequilla?
LESLIE: —En el refrigerador.
YO: —Estoy mirando el refrigerador en este preciso momento. No hay mantequilla.
LESLIE: —Bueno, está ahí. ¡Acabo de ponerla allí hace unos minutos!
YO: —No la veo.
LESLIE: —Está en un frasco amarillo, de esos que aprietas.
YO: —Lo sé, pero, indudablemente, no está aquí.

Leslie camina en línea recta hacia el refrigerador y señala la mantequilla, que está en el segundo estante.

—Ah —digo yo—, ahí está. ¿Dónde está la mermelada?

Es muy probable que ustedes hayan tenido la misma conversación. Pudo haber sido sobre calcetines, las llaves del carro o la billetera, pero todos hemos pasado por eso. Parte de la causa se debe a las diferencias biológicas básicas entre los hombres y las mujeres. El cerebro del varón está preconectado para ver un campo mucho más estrecho. El cerebro de la mujer decodifica información sobre un rango periférico más amplio. Por este motivo, los hombres mueven la cabeza a un lado y al otro y de arriba abajo cuando miran en busca del objeto deseado. La mujer, con su arco más amplio de visión periférica, puede ver la mayoría de los elementos que hay dentro del refrigerador o del armario, sin mover la cabeza.

El tema es que las diferencias de género no están relegadas exclusivamente a cómo fue educado en la niñez y al estereotipo tradicional de la sociedad. Las diferencias, están descubriendo las investigaciones, radican mucho más profundamente.

Cuando compara y contrasta todas las diferencias de género pertinentes a la comunicación entre los sexos y trata de darles sentido, siempre corre el riesgo de sobresimplificar. Desde ya le decimos que nosotros nos arriesgamos. Pero el riesgo vale la pena. Albert Einstein dijo una vez: «Haga todo lo más simple que pueda, pero no lo simplifique». Esa es nuestra meta en este capítulo. Entonces, moderaremos nuestras analogías; nada de comparaciones diciendo que los hombres y las mujeres son de planetas, de grupos de alimentos o de especies diferentes.

En cambio, elegimos decirlo simplemente, de esta manera: los hombres analizan, las mujeres comprenden. Es tan simple (y difícil) como eso.

El cerebro de los hombres y de las mujeres no solo es diferente, sino que la manera en que lo usamos difiere drásticamente. El neuropsicólogo Ruben Gur, de la Universidad de Pennsylvania, usó las pruebas de escaneo cerebral para mostrar que cuando el cerebro de un hombre está en un estado de descanso, menos del 30% de su actividad eléctrica está en uso. Los escaneos de cerebros de mujeres mostraron que hay un 90% de actividad durante el mismo estado, lo cual confirma que las mujeres reciben y analizan constantemente la información de su entorno[3].

Para la mayoría de las mujeres, es más que obvio cuando alguien está molesto o dolido, mientras que el hombre, en general, tiene que presenciar físicamente las lágrimas o un berrinche para darse una idea de que hay algún problema. Lo que comúnmente se denomina «intuición femenina» es, más que nada, la capacidad que tiene la mujer para notar pequeños detalles y cambios en el aspecto o en el comportamiento de otros. Esta propensión realza la capacidad compasiva de la mujer (su factor personal de miedo o la posibilidad de perder la aprobación pueden intensificar aún más esta capacidad).

Pero, así como las mujeres tienen casi un sexto sentido para los pequeños detalles, su vista parece cambiar drásticamente cuando se trata de entrar con el carro en reversa en un garaje. Calcular la distancia entre el guardabarros y la pared del garaje mientras el vehículo está en movimiento es, después de todo, una destreza espacial localizada principalmente en el hemisferio derecho frontal del varón, una propensión que mejora su capacidad analítica.

La mujer tiene conexiones más extensas y, consecuentemente, una «charla cruzada» más frecuente entre el hemisferio izquierdo y el derecho de su cerebro. Esto explica el porqué de la aparente capacidad de las mujeres para tener una mejor habilidad verbal e intuición relacional que los hombres. El hombre, por otra parte, tiene una mayor separación entre los hemisferios de su cerebro, lo cual favorece el razonamiento abstracto y la inteligencia visual-espacial. El poeta y escritor Robert Bly describe que el cerebro de la mujer es como si tuviera una «superautopista»

Odiaría pensar que la toma de decisiones sea un privilegio masculino, o que la sensibilidad y la crianza son estrictamente para las mujeres.
Alice Peterson

de conexión, mientras que el del hombre tiene un «sendero rural tortuoso»[4].

Qué importante, estará pensando usted. *Los hombres analizan y las mujeres comprenden. ¿En qué nos afecta eso a mi cónyuge y a mí?* Nos alegra que lo pregunte.

¿Cómo se aplica esto a nosotros?

Si analiza la estrategia de comunicación de su cónyuge según sus propios criterios y sin tener en cuenta las importantes diferencias sociales y biológicas, dejará pasar las conexiones más profundas y significativas. Las parejas fracasan en la comunicación porque tratan de hacer que el cónyuge vea y diga las cosas de la misma manera que ellos: quieren que su cónyuge adopte su estilo de hablar. Esto es lo que llamamos el error relacional básico entre géneros: suponer que los malentendidos entre los sexos solamente tienen que ver con objetivos opuestos y no con las conexiones psicológicas y biológicas cruzadas. Recuerde que usted y su cónyuge no solo son distintos biológicamente, sino que además están programados con estilos de hablar distintos, que han sido moldeados por sus géneros.

Veamos un ejemplo rápido y clásico:

ELLA:

—No sé cómo voy a ayudar a mi madre con esa fiesta que está tratando de hacer. De todos modos, lo único que hará ella es criticar la comida que llevo.

ÉL (pensando que ella quiere una solución):

—¿Por qué no le dices que, en este momento, no puedes ayudarla? Ponle ciertos límites.

ELLA (queriendo solamente un poco de comprensión):

—No se trata de eso. Es que siento que ella siempre quiso que yo fuera algo que no soy, cuando se trata de recibir visitas.

ÉL:

—¿Estás escuchándome? Dile que no puedes ayudarla, y listo. Quítatela de encima.

ELLA:

—Ay, tú no entiendes.

La relativa compulsión del hombre es resolver los problemas de su cónyuge. Cuando la mujer habla de sus sentimientos, el hombre da por sentado que ella busca ayuda de él para hallar una solución. Como un bombero que recibe una llamada telefónica sobre un incendio, él se pone inmediatamente en acción y analiza con rapidez qué necesitará para apagar las llamas. No recibe la llamada sobre el incendio para decir: «¡Qué horrible! Debes tener mucho calor. Imagino que estás sumamente ansiosa y lamento mucho que estés tan acalorada ahí». ¿Sería absurdo, no? Desde luego.

No obstante, a la mayoría de los hombres les resulta casi igualmente absurdo escuchar a una mujer que está desahogándose sobre un problema, sin brindarle soluciones. El hombre no entiende instintivamente que cuando una mujer habla de sus sentimientos no busca consejos. Él no está programado de esa manera. Pero la mujer que no comprende el «error relacional básico entre géneros» supone que su compañero, al darle consejos, solo está impaciente por ella, que realmente no la escucha, o que no le interesa entenderla (así como el hombre que no entiende este error no se da cuenta de que su compañera le agradecería de corazón y llena de amor si él tan solo reaccionara con empatía y comprensión).

De acuerdo, ya entiendo el problema, se dice usted a sí mismo. *Pero ¿cuál es la solución?* Eso depende de si usted es mujer u hombre; de todas maneras, hay algunas cosas que tiene que saber. Así que permítannos hablarle individualmente a cada uno por un momento.

LOS ESTILOS DE HABLAR Y EL GÉNERO

Cuando hablamos de las cuatro preguntas que determinan su estilo de hablar, dos de ellas muestran importantes diferencias de género: (1) ¿Cómo aborda los problemas? y (2) ¿Cómo influyen uno en el otro? (Cómo reacciona al cambio y cómo toma decisiones no manifiestan grandes diferencias de género, ya que casi la misma cantidad de hombres y mujeres tienen un alto puntaje en cada una de ellas)[5].

- *¿Cómo aborda los problemas?* El 64% de los hombres tiende a abordar los problemas agresivamente (en comparación al estilo reflexivo), mientras que solo el 36% de las mujeres resuelve los problemas de manera agresiva.
- *¿Cómo influyen uno en el otro?* El 63% de las mujeres influye en su cónyuge a través de los sentimientos, más que con información, mientras que solo el 37% de los hombres lo hace.

Solo para mujeres

Si usted es una mujer que está leyendo este libro, yo (Leslie) sé lo que probablemente quiera: una conversación en la que su compañero confíe sus temores, revele sus emociones y comparta sus sueños con usted. ¿Estoy más o menos cerca? Bueno, hermana, puede seguir soñando (hasta que ponga en práctica el idioma del amor). Para la mayoría de las parejas, estas conversaciones íntimas son muy escasas. La razón por la que usted quizás tenga problemas al explorar las necesidades emocionales de su esposo es que él no *quiere* que explore sus necesidades emocionales. Lo sé, lo sé: cuesta creerlo, pero es verdad. No digo que él no sienta las cosas intensamente, pero, si es como la mayoría de los hombres, sin duda, no expresa sus emociones tan clara y gustosamente como usted. ¿Y quién puede culparlo? Lo criaron de esa manera. Un estudio reciente reveló que los padres hablan de las emociones (a excepción del enfado) más con sus hijas que con sus hijos[6]. De adultos, los hombres, naturalmente, tapan sus emociones y tienden a usar menos vocabulario emocional. El asunto es que no puede esperar que un hombre identifique sus propias emociones (mucho menos, las de usted) tan rápido como usted.

Así como usted y yo somos propensas a hablar de nuestros temores, sentimientos y experiencias, los hombres son más propensos a hablar de ideas, conceptos y teorías. Los hombres quieren contarle lo que saben. Usan la conversación para la información objetiva, de la misma manera que un antropólogo utiliza un pico y un martillo para desenterrar una pieza. Los hombres reúnen datos, debaten opiniones y resuelven problemas por medio de la conversación razonada. La socióloga Deborah Tannen llama a este estilo abstracto de conversación masculina la «charla informativa»[8]. Es algo sólidamente establecido, así que, con toda sinceridad, no puede esperar que su cónyuge se entusiasme demasiado por una conversación que sirva como un medio sin un fin. Desde luego, usted puede hablar con él de sus miedos, sus sentimientos y sus sueños, pero no espere que él la escuche con la misma atención que sus amigas.

LOS FACTORES DE MIEDO Y EL GÉNERO

- Más hombres (el 64%) identifican que la pérdida de tiempo es su primera necesidad de seguridad emocional, en comparación con el 36% de lo identificado por las mujeres. Esto explica por qué más hombres tienden a ser «controladores obsesivos».
- Más mujeres (el 63%) identifican que la pérdida de la aprobación es su primera necesidad de seguridad emocional, a diferencia de los hombres (el 37%). Esto explica por qué más mujeres padecen «la enfermedad de complacer»[7].

Solo para hombres

¿Cómo van los Cubs?

Ah, solo bromeo. Ahora que Leslie ha expresado su opinión, permítame devolver la pelota. «Cada mujer es una ciencia», decía John Donne. Y si se toma un momento para analizar a su cónyuge, descubrirá una diferencia básica entre ustedes dos que, si la tiene presente, puede ahorrarle interminables horas de mala comunicación.

Así estamos: en comparación con usted, su mujer está

concentrada en el aquí y el ahora. Alguien definió el futuro como el lugar donde los hombres pasan la mayor parte de su tiempo. Usted y yo sabemos que eso no es precisamente cierto, pero es más cierto si lo comparamos con las mujeres. Mientras que nosotros estamos analizando planes y resolviendo problemas por un mañana mejor, nuestras compañeras están preguntando: «¿Qué está sucediendo en este momento, y cómo nos sentimos ambos al respecto?».

Las mujeres se fijan en los sentimientos y en las experiencias actuales porque crean vínculos emocionales de conexión entre ellas. Entonces, mientras que a usted y a mí nos interesa más el «informe» de lo que sucedió y adónde vamos, a nuestras mujeres les interesa más establecer una «conexión de confianza» en el presente[9]. Como hombre, tengo una idea bastante clara de lo que usted quiere. ¡Sexo! Y, esta vez, estoy bromeando solo en parte. La verdad es que, cuando desarrolle una mejor vida de diálogo, su vida sexual mejorará exponencialmente. Pero, volviendo a su vida de diálogo (disculpe), imagino que la conversación ideal con su esposa involucra un intercambio sencillo de información. Si acaba de llegar a casa después del trabajo, por ejemplo, quiere saber qué le espera esa noche. Quiere evaluar sus opciones, concentrarse en sus tareas, establecer un plan, resolver cualquier problema que pudiera interferir con su ejecución y seguir adelante con el asunto, ¿verdad?

Sería infinitamente lamentable que las mujeres escribieran como los hombres, o que vivieran como los hombres, o parecieran hombres, pues si dos sexos son bastante insuficientes, si consideramos la amplitud y la variedad del mundo, ¿cómo haríamos con uno solo?
Virginia Woolf

Nada de perder el tiempo. Nada de andar leyendo la mente. Y, desde ya, nada de procesar emociones. Pero, présteme atención: si quiere ponerse a planificar su noche (o su futuro económico, o las vacaciones, o lo que sea) con su esposa, primero debe tomarse un minuto para explorar los sentimientos de ella sobre el presente. En síntesis, antes de que pregunte qué hay para cenar, pregúntele cómo está. No tiene que ser una charla profunda e interminable; ella solo necesita saber que los dos están conectados y que trabajan juntos, antes de que usted se encamine a lograr sus objetivos.

Ejercicio 12

Hable el idioma de ella

En la guía de estudio para hombres, encontrará este ejercicio que fue personalizado para usted, como varón (el ejercicio de la guía de estudio para mujeres fue diseñado para ella). Por eso, tómese un momento ahora para ir a ese ejercicio, y nosotros le enseñaremos cómo llevar esta información sobre la conversación de la mujer a un nivel más profundo y relacionarlo directamente con su contexto.

Estos recordatorios para ambos miembros de la pareja son su póliza de seguro para evitar el error relacional básico entre los géneros: deducir que los malentendidos entre ustedes solo tienen que ver con los objetivos diferentes y no con el hecho de tener esquemas psicológicos y biológicos cruzados.

Una vez que, como mujer, usted recuerde que su cónyuge está programado para reunir información que pueda analizar; y una vez que usted, como hombre, recuerde que su compañera está programada para establecer una relación de confianza en la que ella pueda solidarizarse, estarán bien encaminados para conquistar la empatía, la esencia del idioma del amor.

Cuando los hombres y las mujeres están de acuerdo, es solamente en sus conclusiones; sus razones siempre son diferentes.
George Santayana

En términos generales, a los hombres les preocupa lograr resultados, alcanzar objetivos y llegar eficientemente al resultado final. Los varones son analíticos por naturaleza. A las mujeres les interesa la armonía y el compartir; el resultado final solamente es relevante si mejora la relación. Las mujeres son compasivas por naturaleza. A decir verdad, el contraste es tan grande que resulta sorprendente que hombres y mujeres puedan incluso hablar el mismo idioma. Eso es lo que hace que el idioma del amor (cuando usted usa su cabeza y su corazón) sea doblemente mágico.

Una aclaración rápida

Antes que termine este capítulo, tenemos la sospecha de que algunos de ustedes (el 10%, para ser exactos) está diciendo: «Esto tiene sentido, pero es al revés: en nuestra relación, él comprende y yo analizo». Y, probablemente, tenga razón. Los estudios revelan que en una de cada diez parejas es la mujer quien habla más desde su cabeza que desde su corazón, y el hombre es quien habla más con el corazón que con la cabeza. Esto se verá acrecentado, especialmente, si el principal factor emocional de miedo de la mujer es perder el tiempo (y, por consiguiente, es quien resuelve los problemas de manera agresiva, mientras que el hombre lo hace de manera reflexiva). Por si fuera poco, estas personas parecen encontrarse entre sí. Pocas veces hay una pareja en la que ambos se especialicen en el idioma de la cabeza o que ambos se especialicen en el idioma del corazón. Siempre parecen encontrar un punto medio, compensándose uno al otro. Es la manera que tiene Dios de ayudar a que el hombre y la mujer se conviertan en uno solo, se completen más. «Cada uno de nosotros es un ángel con una sola ala —dijo Luciano De Crescenzo—. Y solo podemos volar cuando nos abrazamos».

CAPÍTULO ONCE

ESCUCHAR CON EL TERCER OÍDO

¿Ahora sí me escuchas?

El primer deber del amor es escuchar.

PAUL TILLICH

Quizás, Erik Weihenmayer sea el mejor oyente del mundo. El 25 de mayo del 2001, llegó a la cima del monte Everest; sin duda, una hazaña excepcional y notable para cualquier persona. Pero Erik es completamente ciego. A causa de una enfermedad degenerativa de la vista, Erik quedó ciego a los trece años. Pero eso no lo detuvo. En una montaña donde el 90% de los escaladores no llegan a la cima (y donde murieron 165 desde 1953), Erik logró hacerlo escuchando. Y escuchando muy bien.

Erik escuchaba la campanilla atada a la espalda del escalador que iba delante de él, de modo que sabía en qué dirección ir. Escuchaba las voces de los compañeros de su equipo, quienes le gritaban: «¡Caída mortal a medio metro a tu derecha!», de manera que sabía en qué sentido no avanzar. Escuchaba el sonido de su piolet cuando se clavaba en el hielo, entonces, sabía si el hielo era seguro para cruzar. Decir que Erik Weihenmayer escuchaba como si su vida dependiera de ello no es para nada una exageración.

Pocos necesitaremos depender de nuestra capacidad para oír tanto como Erik, pero todos podemos aprender una gran lección de su hazaña. Dado que la mayoría de las personas hablan a un ritmo de ciento veinte palabras por minuto y que casi todo el material hablado puede ser comprendido igual de bien a un promedio de doscientas cincuenta palabras por minuto, tenemos mucho tiempo para distraernos del mensaje de nuestro cónyuge[1]. Por ese motivo, escuchar es el más importante de los aspectos de la comunicación. La supervivencia de nuestras conversaciones depende de ello pero, no obstante, lo subestimamos reiteradamente. Los estudios han demostrado que la mayoría creemos que escuchamos mejor de lo que realmente lo hacemos. Es lo que llevó a Albert Guinon a decir: «Hay personas que, en lugar de escuchar lo que se les está diciendo, ya están escuchando lo que van a decir ellas mismas».

¿Su cónyuge escucha con atención lo que usted tiene que decir? Cuando se les planteó esta pregunta a cientos de parejas, el resultado reveló que el 47% dice que su cónyuge los escucha con atención «una parte del tiempo», «pocas veces» o «nunca». El 55% confesó que su cónyuge los acusaba de no escucharlos la mayoría de las veces. Otros más se quejaron de que su cónyuge se distraía fácilmente y que no demostraba estar interesado durante la conversación[2]. ¡Vaya! Al parecer, a todos nos beneficiaría pulir un poco el tema de escuchar.

Escuchar es dar validez, interesarse, reconocer, valorar. El acto de escuchar reviste tantas formas, que pocas veces es entendido como la pieza clave de una relación como realmente lo es. Por ese motivo, nos vimos obligados a incluir un capítulo sobre el arte olvidado de escuchar. Una vez que ustedes descubren sus factores individuales de miedo, entienden el estilo de hablar de cada uno y empiezan a empatizar, están en el lugar perfecto para pulir la práctica de escuchar. De hecho, el idioma del amor seguirá estando distante hasta que lo hagan.

Así que ponga atención. Este capítulo podría ser un importante punto de inflexión en sus conversaciones de pareja. Lo que estamos a punto de compartir, efectivamente, nos cambió el panorama.

Escuchar no es lo mismo que oír

Muy bien, revisemos un poco de Comunicación 101. Si puede oír, puede escuchar, ¿correcto? Error. Oír es pasivo. Escuchar es activo.

Un sabio dijo una vez que el Señor nos dio dos orejas y una boca, y esa proporción debería indicarnos algo. Buen punto. Y para enfatizar más ese punto, el psicólogo estadounidense Theodor Reik, uno de los primeros y más brillantes discípulos de Sigmund Freud, escribió en 1948 un libro llamado *Escuchar con el tercer oído*. Fue su manera de hacer hincapié en que escuchar no se trata de oír palabras. Se trata de entender el mensaje que hay detrás de ellas.

Observe esta típica interacción de una pareja atrapada en el tráfico:

ELLA:

—Si llego tarde a esta reunión con los miembros del directorio, a Susan le dará un ataque. Llevo conmigo toda la propuesta para esta reunión y ella no podrá hacer nada hasta que yo llegue.

ÉL:

—Cariño, estoy seguro de que no se molestará. Las personas entienden cómo es el tránsito de esta ciudad.

Este hombre oyó a su mujer, pero no la escuchó. Estaba más preocupado por solucionar su problema, que por comprender sus sentimientos. Entonces, ella responde:

ELLA:

—Tú no conoces a Susan. Le prometí que estaría allí antes de que empezara la reunión, para que pudiéramos hacer la revisión. Remarqué mucho que no había que llegar tarde, y esta reunión es decisiva. Tú no entiendes.

ÉL:

—Oye, solo trato de ayudar.

¿En serio? ¿De verdad estaba tratando de ayudar? Si hubiera sido así, no solo habría escuchado las palabras de su esposa, sino también la ansiedad que las motivaba. Se habría concentrado en «tranquilizarla», en lugar de «encontrarle una solución». Podría haber mostrado un poquito de empatía, explorar un poco su factor individual de miedo, y hasta haber tratado de resolver el problema de ella, y habría sido un diálogo completamente diferente.

ÉL:

—Sé que debes estar ansiosa por esto, y trataré de dejarte justo en la puerta lo más pronto que pueda. ¿Quieres usar mi teléfono celular para llamar a Susan?

ELLA:

—Es una buena idea. Gracias por entender, cariño.

Eso es todo. Observe que esta situación hipotética no demandó más tiempo. No fue necesaria ninguna exteriorización extrema de sentimientos. Simplemente, él tuvo que hacer un esfuerzo deliberado por sentir a conciencia los sentimientos de ella y pensar sus pensamientos, antes de ofrecerle un modo de ayudarla. En otras palabras, tuvo que usar su corazón y su mente para ver cómo el miedo de ella a perder la aprobación (su máxima necesidad de seguridad) afectaba a la conversación.

Tal vez se pregunte por qué seguimos insistiendo con el valor de la empatía y señalando los componentes cabeza y corazón. Es porque la mayoría de las parejas creen que empatizan mejor de lo que lo hacen, y después se preguntan por qué su comunicación no mejora en nada. No es solo una opinión nuestra: es un hecho. Las investigaciones revelan que cuando a las parejas les preguntan *si* se ponen uno en el lugar del otro, siempre dicen que sí[3]. Bueno, me parece bien. Pero cuando a estas mismas parejas les piden que «empaticen» con los personajes de una historia (mientras miran una película, por ejemplo), una parte de sus emociones revela que no están ni cerca de ser tan empáticos como creían que eran. De hecho, su conocimiento de las emociones de los personajes con los que estaban empatizando está al mismo nivel que el de las personas a quienes *no* se le indicó que empatizaran con las emociones de los personajes. Casi no se puede creer, ¿no? Pero esta parte del estudio es aún más sorprendente (y alentadora): cuando se les explicó un poco más sobre cómo empatizar con los personajes, los resultados mejoraron significativamente. A los adultos que se les indicó «imagínese como si fuera la otra persona (la representación

> *Lo más importante en comunicación es escuchar lo que no se está diciendo.*
> Peter F. Drucker

> *Presta atención con el oído de tu corazón.*
> San Benedicto

de un papel)» fueron mucho más comprensivos y capaces de verbalizar lo que experimentaba el personaje. En otras palabras, con una pizca más de ayuda, su capacidad de empatizar mejoró radicalmente[4]. Es una buena noticia para todos nosotros.

Solemos decirles a nuestros alumnos de la universidad donde damos clases que la compasión es como lanzar un salvavidas al agua para ayudar a una persona en dificultades. La empatía, sin embargo, es como lanzarse uno mismo al agua para llevar a la orilla a la persona. Si actúa con empatía, nunca fallará en aliviar el espíritu de su cónyuge y se acercarán más entre ustedes. Escuchar con el tercer oído siempre fortalecerá y sustentará su relación.

Ejercicio 13

¿Usted escucha lo que escucha su cónyuge?

Durante los últimos diez años de la carrera de Red Auerbach como entrenador, su equipo, los Boston Celtics, ganó nueve campeonatos de la NBA (sigla en inglés para la Asociación Nacional de Baloncesto), incluyendo el récord de ocho títulos consecutivos desde 1959 a 1966. Se retiró a los 48 años como el entrenador más exitoso de la historia de la NBA, con 938 victorias en veinte años. Auerbach, el genio entrenador famoso por detectar el talento y conseguir lo mejor de sus equipos, también conocía un par de cosas sobre la comunicación. «Lo importante no es lo que les diga a sus jugadores», dijo una vez, «sino lo que ellos escuchen». Este ejercicio de la guía de estudio le mostrará exactamente por qué escuchar no es lo mismo que oír y lo preparará para obtener más aún de la siguiente sección de este capítulo.

Escuche el mensaje debajo de las palabras

Uno de nuestros lugares favoritos en el mundo es la costa de Oregón. No importa si está oscuro y nublado, o luminoso y soleado. Nos vestimos acorde al clima y caminamos durante kilómetros, incluso bajo la lluvia, por esas vastas costas arenosas. La mayoría de los días, mientras caminamos, encontramos más lochas que personas. Pero, de vez en cuando, nos encontramos con alguien que camina con un detector de metales. Con los auriculares conectados a su aparato portátil parecen personas ajenas a todo cuanto las rodea, excepto al mensaje que les indica si han descubierto algunas monedas enterradas u otros tesoros. Examinan silenciosamente la superficie de la playa, hasta que hace bip en sus oídos. Es entonces cuando cavan. Bajo un suelo que la mayoría nunca tomaría en cuenta, están perforando para extraer cosas valiosas.

Usted y yo hacemos lo mismo cuando escuchamos el mensaje que subyace en las palabras de nuestro cónyuge. Sintonizamos la frecuencia de nuestro tercer oído y escuchamos en silencio lo que a los demás casi siempre se les escapa. Es lo que la lingüística denomina el metamensaje: la interpretación de la intención que hay debajo de las palabras.

Una escena de la película *Divorcio a la americana*, en la que Debbie Reynolds y Dick Van Dyke están preparando una comida para sus invitados, ofrece un ejemplo estupendo[5]. Ella arranca una pelea quejándose de que lo único que él hace es criticarla. Él no está dispuesto a aceptar esa declaración general, y empiezan a volar las palabras. Ella le dice que no puede discutirlo en ese momento, cuando los invitados están a punto de llegar, y se da vuelta para sacar el pan del horno. Es entonces cuando él hace una pregunta aparentemente inocente:

—¿Pan francés?

Parece una pregunta simple, un comentario, en realidad. Pero, al escucharla, Debbie Reynolds se voltea hacia él:

—¿Qué tiene de malo el pan francés?

—Nada —dice él—. Es que a mí realmente me gustan esos bollitos que sueles hacer para cenar. —La batalla empieza nuevamente. Más palabras vuelan.

¿Él la criticó o no? Si analiza solamente las palabras, no. Apenas le preguntó qué tipo de pan estaba preparando. Pero, si considera el metamensaje, sin duda, estaba criticándola. Al fin y al cabo, ni siquiera habría hecho el comentario si el tipo de pan elegido hubiera cumplido con lo habitual. Y, como acababan de discutir porque él siempre la criticaba, ella no pudo dejar de sintonizar el metamensaje.

LO QUE ÉL O ELLA DICE	LO QUE QUISO DECIR
ELLA: —¿Cómo estuvo tu día?	«Hablemos, quiero comunicarme contigo».
ÉL: — Bien.	«Te doy una respuesta corta porque estoy agotado y necesito un tiempo para mí solo».
ELLA: — ¿Cómo te fue en el almuerzo con Bob?	«Seguiré preguntándote cosas para que sepas que me interesa qué te pasó hoy».
ÉL: —Me fue bien.	«Estoy tratando de ser amable, pero quiero que dejes de molestarme ahora mismo».
ELLA: —¿Le gustaron tus ideas sobre el proyecto?	«Está bien si no te explayas de inmediato. Podemos tomarnos la conversación con calma; sé que pronto entrarás en calor».
ÉL: —Sí.	«Mira, estás empezando a volverme loco. No quiero hablar ahora mismo».
ELLA: —¿Hay algún problema?	«Puedes hablar conmigo aunque te sientas mal. Hablar te ayudará a sentirte mejor».
ÉL: —No hay ningún problema. Solamente necesito un rato para relajarme.	No hay ningún problema. Solo necesito un rato para relajarme.

Sin embargo, muchas veces no prestamos atención al metamensaje. No escuchamos el mensaje escondido debajo de las palabras. Reflexione en esta típica conversación entre un marido y su esposa:

Ella se ofende, no dice nada y se va.

El oyente hábil capta los metamensajes. Analice lo distinto que hubiera sido el diálogo anterior, si la esposa hubiera hecho precisamente eso:

ELLA:

—¿Cómo estuvo tu día?

ÉL:

—Bien.

ELLA:

—¿Cómo te fue en el almuerzo con Bob?

ÉL:

—Me fue bien.

ELLA:

—¿Quieres tener un tiempo para relajarte antes de que hablemos de cómo estuvo tu día de hoy?

ÉL:

—Sí, cariño, eso sería genial. Gracias.

O, ¿qué tal si el marido hubiera captado los metamensajes de su esposa? Podría haber sido un diálogo como el siguiente:

ELLA:

—¿Qué tal tu día?

ÉL:

—Bien.

ELLA:

—¿Cómo te fue en el almuerzo con Bob?

ÉL:

—Me fue bien. Y tengo ganas de hablarte de eso. Pero ¿te molestaría si me relajo mirando el noticiero, antes de charlar?

ELLA:

—Claro. Podemos hablarlo durante la cena.

Escuchar con el tercer oído obra maravillas. Cuando lo haga, cuando escuche atentamente el mensaje debajo de las palabras, se sorprenderá por lo que esto produce en su relación.

Ejercicio 14

Interprete el lenguaje corporal de su cónyuge

Una parte importante de captar el metamensaje en cualquier conversación es entender correctamente el lenguaje corporal de la otra persona. Puede revelar mucho. Shakespeare lo entendía, cuando dijo: «Hay un lenguaje en su ojo, en su mejilla, en su labio. Es más, su pie habla; su ánimo desenfrenado está atento a cada articulación e incentivo de su cuerpo».

En este ejercicio de la guía de estudio le mostramos las señales reveladoras que podría estar pasando por alto en la comunicación de su cónyuge. Le enseñamos exactamente qué buscar y qué quiere decir cada cosa cuando la ve.

Lo que el escuchar hace por la relación

Ben Feldman, el primer vendedor de seguros en superar la meta de ventas de veinticinco millones de dólares al año, tenía una fórmula sencilla para su éxito. Fue un vendedor líder de New York Life durante más de veinte años, trabajando desde East Liverpool, Ohio, una ciudad de veinte mil habitantes. Su secreto era trabajar mucho, pensar en grande y escuchar muy bien. Muchos que están en la misma profesión que Ben se identifican con las primeras dos cualidades de su éxito. Pero es la tercera (escuchar bien a sus potenciales clientes) en lo que se equivoca la mayoría. Únicamente aquellos que se ubican en los percentiles más altos de las ventas ponen en práctica sus habilidades para escuchar.

Infinidad de informes han destacado los beneficios de escuchar en el mundo de los negocios. Un estudio reveló que los jornaleros dedican el 30% de su tiempo a escuchar, mientras que los gerentes lo hacen en un 60%, y los directivos el 75% o más[6]. ¿El hecho de escuchar efectivamente los lleva a ascender, o al estar en los altos cargos aprenden a escuchar mejor porque deben hacerlo? Es probable que sea una combinación de ambas cosas. Básicamente, para ser más exitoso, usted debe escuchar mejor.

Y lo mismo es válido en el matrimonio. El éxito de la relación crece de manera directamente proporcional a la efectividad con la que se escuchan uno al otro. «El oído es el camino al corazón», escribió Voltaire. Y escuchar con el tercer oído lo sitúa firmemente en la senda hacia una intimidad más profunda. Acorta cualquier distancia que haya entre ustedes.

Tina, que llevaba casada ocho años, estaba marchitándose en su matrimonio. Rick, su esposo, no conectaba con ella. Tina nos contó que él encendía el televisor durante la cena, que ponía la radio a todo volumen cuando iban en el carro, que llamaba por el celular a sus clientes, cualquier cosa menos conectarse con Tina. Cuando vinieron a nuestra oficina de consejería, Rick, un texano trasplantado a Seattle, se mostró reticente, por decir lo mínimo. Se sentaron en las sillas giratorias al otro lado de la mesita ratona, frente a Les y a mí. La mayor parte del tiempo, Rick nos miraba a los dos mientras hablaba, pero me miró directamente a mí (como si intentara interpretar mi solidaridad femenina para con su esposa) cuando dijo: «No suelen interesarme estas cuestiones de consejería matrimonial, pero Tina me obligó».

Les le aseguró que le dolería relativamente poco. Y luego, para respaldar lo dicho, lanzamos un desafío:

—Les daremos una tarea sencilla para hacer desde ahora hasta la semana que viene, y si esto no produce un cambio importante en su relación, nos damos por vencidos.

—Es una oferta arriesgada para un hombre que está buscando una excusa para no estar aquí —dijo Rick arrastrando las palabras—. Pero quiero participar del juego.

La tarea era clara: pasar diez minutos por día, durante los siguientes siete días, manteniendo una conversación en la cual no hicieran otra cosa que concentrarse uno en el otro. Sin llamadas telefónicas ni TV; solamente hablar de algo que quisieran.

—Ese es el problema: no tenemos nada de qué hablar —protestó Rick.

—Entonces, simplemente, escucha mientras Tina habla.

Rick aceptó hacerlo. Practicamos cambiando de roles en varias situaciones hipotéticas, hasta que estuvimos seguros de que ambos habían entendido; entonces, los mandamos a casa.

La siguiente vez que vimos a Rick y a Tina hubo una diferencia notable. El semblante de Tina había cambiado. Rick era puro sonrisas.

—Doctor —dijo él—, escucharnos cambió por completo las cosas. —Tina comenzó a lagrimear.

—Solo hicimos lo que ustedes dijeron. Yo escuché. Eso fue todo. Pero, al tercer día, me di cuenta de lo sola que se sentía Tina en nuestro matrimonio, y eso me hizo cambiar. Ella merece algo mejor. —Para no ahogarse, Rick carraspeó y dijo—: Y va a estar mejor. La escucharé como si le prestara atención a mi reloj perdido en la nevera.

No pudimos evitar que se nos escaparan unas risitas al escuchar su frase extravagante. Pero, obviamente, fue al grano. Eso fue hace años, y nunca olvidamos la manera en que Rick lo dijo.

Escuchar tiene un poder sanador. Años de dolor y heridas causados por los sentimientos de soledad pueden encontrar sanidad cuando un hombre o una mujer escuchan sinceramente con el tercer oído. Catherine de Hueck lo expresó bien cuando dijo: «Con el don de escuchar viene el regalo de la sanidad». Así es.

> *Deben ser rápidos para escuchar, lentos para hablar.*
> Santiago 1:19

El peor error que cometerá al escuchar

—¿Has visto este catálogo? —preguntó Les mientras yo mezclaba fórmula para bebés junto a la mesada de la cocina.

—¿Qué catálogo?

—Este catálogo de Brooks Brothers. ¿Por qué no ordenas algunas cosas? Pide lo que te guste; parece que está todo de oferta.

Cualquier otro día, hubiera marcado los ochocientos números telefónicos y recitado los códigos del catálogo lo más rápido posible. Pero no estaba en mi momento más radiante. Recién estaba recuperándome de un embarazo difícil, y no pude sino escuchar la invitación de Les para que comprara las cosas como si dijera: «Ya es hora de que te pongas en forma, que abandones el vestuario de la maternidad y consigas algo de ropa que te ayude a verte mejor». Lo reconozco, él no dijo una palabra de eso; a decir verdad, ni se le ocurrió un pensamiento por el estilo. Les solamente quería que disfrutara de un poco de compra compulsiva de uno de mis catálogos favoritos para aprovechar que ofrecían las ventas de invierno. Esto lo sé porque pasamos la siguiente hora y media hablando de cómo yo había malinterpretado su mensaje.

—¿Qué está pasando?

—Me siento muy mal conmigo misma, y ahora tú piensas que ya no me veo linda — dije mientras las lágrimas empezaban a derramarse por mi rostro.

—¿De qué estás hablando? —preguntó Les.

Su sorpresa fue genuina, pero no logró detener mis lágrimas. Mis sentimientos patéticos estaban decididos a reinventar lo que él me había dicho.

—Solo pensé que había algunas buenas ofertas allí, y si supiera cómo elegir las que más te gusten en los talles que quieras, lo haría por ti... para obsequiártelas —dijo Les.

—Entonces, temes que no pueda volver a ponerme las mismas cosas que usaba —dije en un tono acusatorio.

—Oye, estás poniendo palabras en mi boca que no...

—¿No te das cuenta de que me siento horrible por cómo me veo? —lo interrumpí—. No necesito comprar ropa que no podría usar. ¿Encontraste alguna modelo posparto en ese catálogo?

—Te aseguro que no quise

Él tenía destellos ocasionales de silencio que hacían que su conversación fuera perfectamente exquisita.
Sydney Smith

mandarte ese mensaje —dijo Les con voz dulce—. De verdad pensé que disfrutarías tener algunas cosas nuevas, eso es todo.

Cuando desciframos mi malinterpretación emocional, finalmente, escuché el verdadero mensaje de Les. Pero me tomó un buen rato, porque mis palabras inventadas eran más poderosas que las que él había dicho.

¿Alguna vez tuvo una experiencia similar? Es una pregunta tonta, lo sabemos. Todas las parejas lo hacen, de vez en cuando. Mire lo que le sucedió a nuestro amigo Chuck Snyder, quien estaba poniendo una tajada de queso en una galletita y metiéndola en el microondas, cuando Barb, su esposa, pasó caminando.

—Eso es demasiado grande —dijo ella.

Lo que Chuck escuchó fue: —Oye, gordo, ¿en serio vas a comer esa porción enorme de queso?

Lo cierto es que lo único que Barb estaba diciendo era que el queso era demasiado grande para derretirse bien. Necesitaba cortarlo en rodajas más pequeñas.

Interpretar una intención imaginaria en el mensaje de nuestro cónyuge es, quizás, el error más letal que cometemos cuando se refiere a escuchar. En efecto, eso transforma nuestras conversaciones en la prueba de las manchas de tinta, en la cual proyectamos nuestros miedos y frustraciones, de lo que, por el contrario, era un diálogo inofensivo.

Pero hay una solución.

No se puede escuchar de verdad a alguien y hacer cualquier otra cosa al mismo tiempo.

M. Scott Peck

Déjame leer tu mente

Si está cansado de malinterpretar las intenciones de su cónyuge, si está perdiendo la capacidad para escuchar en esta área, pruebe con algo que comenzamos hace casi diez años. Es un ejercicio llamado «Déjame leer tu mente». No se preocupe; en realidad, no precisará leer la mente.

Cuando cualquiera de los dos corra el riesgo de leer entre líneas algo que no fue dicho en un mensaje, diga: «Quisiera leerte la mente». Si su cónyuge accede, dígale lo que está escuchando usted. En este punto, no juzgue; solo exprese lo que percibe. No estará dándole validez al mensaje; solamente comprobará si es correcto. A continuación, su cónyuge evaluará cuán acertado (o desacertado) está usted en una escala del uno al diez (diez sería que dio en el clavo). Vea el siguiente ejemplo:

ELLA:

—Quisiera leerte la mente.

ÉL:

—Adelante.

ELLA:

—Anoche, en la cena, cuando dijiste esa broma sobre la cantidad de minutos que usaba hablando por celular, pensabas que paso demasiado tiempo charlando con mi hermana. ¿Estoy en lo cierto?

ÉL:

—Eso sería un tres. La idea se me pasó por la cabeza, pero no lo pensé demasiado. En realidad, estaba preguntándome si deberíamos cambiar a un nuevo plan telefónico, si usas esa cantidad de minutos todos los meses.

O considere el ejemplo de una pareja que está analizando una mudanza importante al otro lado del país por una propuesta laboral nueva:

ÉL:

—Quisiera leerte la mente.

ELLA:

—De acuerdo.

ÉL:

—Pienso que, aunque dices que estás dispuesta a que nuestra familia se mude a Filadelfia, realmente querrías quedarte aquí. Creo que temes decepcionarme o frenar mi carrera. ¿Tengo razón?

ELLA:

—Sí. Eso está entre un ocho y un nueve. Tienes razón. Tengo miedo de decir lo que pienso porque tú estás muy entusiasmado con esta oportunidad.

Ya entiende la idea. Este ejercicio traspasa todo el humo y los espejos de una relación que fueron tapados por los mensajes malinterpretados. Le permite poner sobre la mesa sus miedos y sus frustraciones para ver si son válidos. ¡Piense en el tiempo y en la energía que puede ahorrar con esta técnica! Pero, recuerde: todo fracasará si no lo hace desde una base de empatía, si no tiene el deseo genuino de entender a su cónyuge.

Ejercicio 15

Quiero leer tu mente

Tal vez esté pensando que le gustaría probar este pequeño ejercicio de «lectura de la mente» alguna vez. ¡Genial! Pero no espere. Si realmente quiere ponerlo en práctica, pruebe hacerlo ahora. Este ejercicio de la guía de estudio lo guiará a través de un asunto vigente en su relación. Vamos, inténtelo. Pronto verá lo bien que funciona y qué fácil de hacer es.

¿Escuchaste lo que dije?

En su libro *Stress Fractures* (Las rupturas del estrés), Chuck Swindoll cuenta sobre el día cuando aprendió una enseñanza importante sobre escuchar. Estaba atrapado por la vorágine de muchísimos compromisos en muy pocos días. Se sorprendía a sí mismo hablándoles mal a su esposa y a sus hijos. Comía a toda prisa y se sentía irritado por cualquier interrupción inesperada a sus horarios. Su comportamiento apurado estaba volviéndose insoportable.

«Recuerdo con claridad las palabras de nuestra hija menor, Colleen, una noche, después de cenar», escribe. «Ella quería contarme algo importante que le había sucedido en la escuela ese día. Apresuradamente, empezó a decir: "Papi-quiero-contarte-algo-y-te-lo-diré-realmente-rápido"». Chuck, dándose rápidamente cuenta de la frustración de su hija, respondió: «Cariño, puedes contarme... y no tienes que decírmelo rápido, realmente. Dilo despacio». Luego, él cuenta: «Nunca olvidaré su respuesta: "Entonces, escucha despacio"».

De la boca de los niños, ¿no? Escuchar despacio. Es un buen consejo para todos nosotros. Pocas veces nos damos cuenta del regalo tremendo que podemos darnos unos a otros cuando nos tomamos un momento para escuchar no solo las palabras que dice el otro, sino los sentimientos de cada uno detrás de las palabras. Escuchar con el tercer oído es, lisa y llanamente, el regalo de la comprensión.

El doctor Paul Tournier, reconocido consejero suizo, dijo: «Es imposible exagerar la inmensa necesidad que tenemos de ser realmente escuchados, tomados en serio, entendidos... Nadie puede desarrollarse con libertad en este mundo y hallar una vida plena sin sentirse comprendido por, al menos, una persona»[7]. Cuando le ofrece a su cónyuge el regalo de escucharlo está personificando el propósito al cual fue destinada su relación.

CAPÍTULO DOCE

CUANDO NO HAY QUE HABLAR

La paradoja de toda relación

El silencio oportuno tiene más elocuencia que el habla.

MARTIN FARQUHAR TUPPER

PARE DE HABLAR. En serio.

Esto puede sonar raro, viniendo de dos especialistas en relaciones, pero se lo decimos seriamente. Pare de hablar. Quizás, le parezca un consejo poco ortodoxo, pero el silencio no solo vale oro; también es vital para la buena comunicación.

¿Están en un tira y afloja sobre dónde irán en su próxima salida romántica como pareja? ¿Si deben mudarse por una oportunidad laboral nueva? ¿O por cómo disciplinar a sus hijos? Pregúntele a cualquier persona qué opina y le dirá lo mismo: «Tienen que discutirlo». De acuerdo, venga ese consejo; pero únicamente por algo que valga la pena. No lo aceptaremos si el costo es mayor que el beneficio, motivo por el cual decimos que, a veces, en la pareja solo hace falta coserse la boca.

Estamos de acuerdo en que la manera de resolver los problemas de su relación es conversarlos. Pero también puede resultar poderoso y sabio no hablar, esperar el momento, marcharse o, simplemente, cerrar la boca y arreglárselas.

Ahora bien, yo (Les) casi estoy escuchándolos a algunos de ustedes, señores, leyendo esto y diciéndoles a sus esposas: «¿Ves aquí, cariño? No es necesario que discutamos todas las cosas». Usted cree que acabamos de regalarle un poni nuevo para salir cabalgando del corral de la conversación. Pues bien, baje la velocidad, amigo. No es así; de todas maneras, pienso que usted valorará lo que vamos a decir aquí.

Y yo (Leslie) puedo oír a algunas de las señoras leyendo este consejo inicial y diciéndose a sí mismas: «¿Qué clase de libro es este? Creí que supuestamente debíamos abrir los canales de la comunicación, no cerrarlos». Lo entiendo, pero sígannos en esto. Van a descubrir que lo que sugerimos, en realidad, enriquecerá su comunicación y la volverá más íntima.

Verá, en toda relación hay momentos y lugares excelentes para dejar de hablar, aunque sea brevemente, y este capítulo está dedicado a ayudarlo a localizar cada uno de ellos. Si bien es obvio que creemos en hablar largo y tendido, hay por lo menos siete momentos específicos en los que necesita quedarse callado. Es muy probable que usted ya conozca algunos de ellos. De hecho, desde el comienzo mismo, tenemos un ejercicio en las guías de estudio para realzar lo que conoce de ellos.

Ejercicio 16

¿Es momento de cerrar la boca?

Antes de seguir adelante, realice un cuestionario rápido para ver qué tan bien sabe intuitivamente cuándo una conversación necesita una pausa. Este ejercicio de la guía de estudio le presentará algunas situaciones comunes para aplicar. Nada de echarle un vistazo al resto de este capítulo primero, si quiere que este ejercicio le dé una interpretación buena y sincera de su habilidad.

1. Pare de hablar cuando uno de los dos no está disponible

ESPOSA:

—Tenemos que resolver cómo nos arreglaremos con el cuidado de los niños el próximo jueves a la noche, cuando vayamos al banquete de Jeff.

ESPOSO (mientras concilia la chequera):

—¿Qué?

ESPOSA:

—Sarah no puede cuidar a los niños; Amy sí. Pero los niños nunca se portan bien cuando los cuida Amy. ¿No te parece que deberíamos evitarla?

ESPOSO (todavía mirando fijo la chequera):

—Mmm, ¿qué pasa ahora? ¿Qué Amy?

ESPOSA:

—Sarah no puede cuidar a los niños.

ESPOSO (haciendo contacto visual):

—¿Cuándo?

ESPOSA:

—¿Por qué nunca me escuchas?

Puede ser que no la escuche porque usted habla cuando él no está disponible. Yo (Leslie) descubrí y redescubrí el costo de este error. No recuerdo cuántas veces he tratado de conversar con Les cuando él estaba a la mitad de alguna tarea y terminé sintiéndome dolida. Así que, acepte mi consejo: si está pensando en algo y su cónyuge no está disponible para conversarlo, cierre la boca. Deje que él o ella sepa que usted quiere hablar. Dígale algo como: «Necesito hablarte del cuidado de los niños cuando puedas; ¿tendrás un rato antes de cenar?». Es todo lo que hace falta para asegurarse de que la mente de su cónyuge tendrá un espacio receptivo.

2. Si ya lo dijo un millón de veces, deje de decirlo

Si hace ocho años que le dice que no deje su chaqueta en el respaldo de la silla del comedor y él sigue haciéndolo, o si han discutido los últimos cuatro veranos sobre si comprar una costosa parrilla de barbacoa o no, quizás sea hora de tomarse un descanso permanente de esa conversación. En algún momento, tiene que darse cuenta de que hablar no es la solución.

Si tienen encontronazos acerca de reemplazar su lavasecadora o por cuánto dinero donar a una obra de caridad, es probable que simplemente deban aceptar que no están de acuerdo y seguir adelante. Tal vez puedan llegar a un acuerdo que, por lo menos en parte, sea satisfactorio para ambos. O, quizás, sigan como hasta ahora y concuerden posponer toda discusión al respecto, digamos, por los próximos seis meses.

El punto es que si sus conversaciones no llegan a ninguna parte, deberían darse un respiro. Por supuesto, en ciertos casos, hay acciones que usted puede realizar que, *claro está*, dicen más que las palabras. Si ha pedido, convencido, amenazado y analizado a su esposo sobre el tema de que no cuelga su abrigo en el armario, y él sigue prometiendo que lo hará, pero nunca lo hace, usted tiene varias opciones: (a) podría tomar la decisión

El silencio es una de las grandes artes de la conversación.
Tom Blair

de colgarlo por él y no volver a hablar del asunto; (b) podría dejarlo donde está y no decir nada; o (c) podría esconder su chaqueta cada vez que él la deja en un lugar no deseado. Esta última opción es para los que tienen una veta malvada (nosotros no la recomendamos), pero queremos darle todas las opciones que hay. La única opción que no tiene es seguir hablando del tema.

Lo esencial es que debe renunciar a las conversaciones que siguen teniendo una y mil veces. Los desgastarán a ambos.

3. Pare de hablar cuando necesita tiempo para pensar

«Aplazar el poder». No es una frase que leerá en otros libros sobre relaciones románticas, pero es una técnica que aprendimos a apreciar en nuestra propia relación. La aprendimos del mundo empresarial. Durante una cena, estábamos hablando con un amigo que trabaja como consultor de gestión. Él nos contó que «aplazar el poder» es una práctica habitual en todas las empresas y preguntó si la usábamos en nuestra labor matrimonial. Nos intrigó. «En el trabajo», dijo, «si alguien te comenta una idea nueva en el pasillo, le dices: "Qué interesante. Déjame pensarlo". Pero, si es mi esposa quien me comenta una a mí, soy capaz de decirle: "¿Sabes? Eso no me gusta". Es como que en casa me convierto en un niño de cinco años».

Inmediatamente, supimos de qué hablaba. Y es probable que usted también lo sepa. La idea de ponerle freno a nuestros sentimientos es anatema para la mayoría de los matrimonios. Si él propone un viaje para descender por los rápidos, inmediatamente, usted replica con una diatriba de lo mucho que odia acampar y cuánto deseaba de corazón ir a un complejo vacacional. Si ella propone una salida para ir a la cantata de una amiga, usted protesta diciendo que eso será muy aburrido y que ni siquiera conoce a su amiga.

Pero, espere. ¿Por qué encararlo como si tuviera cinco años? ¿Por qué, en lugar de eso, no dice: «Déjame pensarlo y luego lo hablamos»? Así, ganará tiempo para reflexionar y evaluar cómo se siente al respecto, sin la presión de tener que dar una respuesta espontánea, y tiempo para componer una respuesta considerada.

También funciona cuando usted es el que quiere hablar de algo. De hecho, a menudo instruimos a los dos miembros de la pareja en esta estrategia para que digan, por ejemplo: «Quiero hablarte sobre una idea, pero no quiero que me respondas ahora mismo». Esta es una manera de que se haga a la idea de una propuesta, que no sea destruida por plantearla.

4. Pare de hablar cuando uno de los dos sea poco racional

Tal vez, el jefe de ella le ha gritado. Quizás, tuvo un mal intercambio con su madre. Sea cual sea la explicación, se pusieron a discutir cuestiones económicas y ella arranca a chillar por la actitud que tiene usted y por cómo la ataca: —Siempre estás criticándome y nunca valoras lo que hago por ti.

En este punto, el camino más sensato es no discutir el nuevo presupuesto ni su comportamiento insólito, sino decirle, con la mayor calma que pueda: —Te daré un poco de espacio.

No tiene que ser crítico. Solamente ponga un límite, cerrando la boca hasta que haya un poco más de cordura en el ambiente.

Desde luego, lo mismo aplica cuando la situación es a la inversa. Cuando se siente un poco enajenado y sus emociones están a punto de explotar, tiene que apartarse un rato. Son muchísimas las parejas que tratan de mantener una conversación racional cuando uno de los dos está en un momento irracional. Nunca funciona de esa manera. Así que la próxima vez que uno de ustedes no esté siendo razonable, posterguen la conversación y dense espacio para la sensatez. Como lo expresó el monje benedictino Peter Minard: «El silencio nace cuando un ser racional se aparta del ruido para encontrar paz y orden en su santuario interior». Una vez que ambos se hayan refugiado del otro en la quietud durante un rato, están destinados a tener una conversación más racional.

En el silencio no solo hay arte, sino también elocuencia.
Cicerón

5. Pare de hablar cuando hayan olvidado de qué problema estaban hablando

Les y yo conversábamos razonablemente sobre cómo acomodar los muebles en lo que teníamos la intención de que fuera nuestra sala de estar formal. Teniendo ahora en la familia un segundo bebé, que pronto se convertiría en un niño, ambos estuvimos de acuerdo en que era hora de convertir la sala en un espacio de juegos. Pero mientras cambiábamos de lugar algunos muebles, nos dimos cuenta de que algunas piezas tendrían que irse.

—En realidad, nunca me gustó esa mesa antigua donde ponemos todas las fotografías —dijo Les.

—¡Bromeas! —respondí rápidamente—. ¡Es mi mueble favorito de toda la casa!

—Te gusta porque te gustan las fotografías que hay en ella —protestó Les.

—Disculpa... yo sé lo que me gusta, y me gusta esa mesa.

—Bueno, podríamos conservar la mesa y poner los juguetes sobre ella —sugirió rápidamente Les.

—¿Por qué no nos deshacemos de tu repisa? —le devolví el argumento.

—De pronto, es mi repisa, ¿no?

—Bueno, tú sabes que nunca la quise en este lugar —dije.

—Bien, ¿qué me dices del cuadro que está arriba, que no soporto? —preguntó Les.

—¿El que nos regalaron tus padres? Es asunto tuyo.

—Entiendo, quieres incluir a los padres en esta discusión...

—Espera un minuto, quiero un descanso, ¿qué estamos haciendo? ¿De qué estamos hablando, en principio? —pregunté.

¿Alguna vez tuvieron una de esas discusiones? ¿Qué pareja no las ha tenido? Todos hemos tenido conversaciones que se descarrilaron. Empiezan a hablar de qué color van a pintar la cocina y, de pronto, están peleando por el helado y por cuál es la temperatura adecuada que debería tener el botón del refrigerador.

Cuando ya no recuerden exactamente qué trataban de decidir, cuando tengan que preguntarse: «¿De qué estamos discutiendo?», tómense un descanso y sosiéguense. Tenemos una frase para hacer justamente eso en nuestra relación: «Enfriemos la cabeza y calentemos el corazón».

Este simple aviso impide que nos devore una conversación que se ha vuelto absurda y que está a punto de volverse agresiva.

6. Pare de hablar cuando esté escupiendo recomendaciones

La semana pasada teníamos un compromiso para dar una charla en la ciudad de Oklahoma. La pareja que fue a buscarnos al aeropuerto era extremadamente amable, con nosotros y entre ellos. Tal vez, demasiado amable. De camino al lugar del evento, y estando muy escasos de tiempo, el marido dobló mal sin darse cuenta. Durante algunos minutos, condujo en ese sentido, hasta que dijo: —Me parece que debí doblar a la izquierda allá atrás. Fue entonces cuando la esposa dijo: —Sí, yo sabía que tenías que doblar en la 109, pero no quise decir nada.

¿Qué? ¿Por qué no quiso decir nada? Les estaba casi desencajado. Se contuvo y, gentilmente, preguntó por qué.

—No quise avergonzar a mi esposo, y sabía que, a la larga, él se daría cuenta —le dijo ella.

Su respuesta calmó muy poco a Les, pero sí resaltó una interesante estrategia de la relación, aunque fuera un poco extrema. Verá, la mayoría actuamos impulsivamente cuando se trata de darle recomendaciones a nuestro cónyuge.

«Tienes que levantar tus calcetines».

«Otra vez dejaste encendida la luz del vestíbulo».

«Si no te apresuras, llegarás tarde».

Comentarios como esos rara vez sirven para algo. Se dicen en un intento vano de cambiar a su pareja, pero son tan útiles como un impermeable cuando no llueve. A nadie le gustan las recomendaciones no solicitadas ni las críticas, pero la mayoría no podemos evitar derramarlas sobre nuestro cónyuge. Entonces, la próxima vez que esté impartiendo recomendaciones a toda máquina, haga lo posible por dominarse. Y si no puede contenerse, dígalo de una manera más suave de escuchar: «Sé que no me pediste consejos, pero ¿puedo decirte lo que estoy pensando?».

Me he arrepentido con frecuencia de mis palabras; nunca de mi silencio.
Publilio Siro

Ejercicio 17

¡Basta de consejos!

Todos conocemos el estereotipo: la mujer le plantea un problema al hombre y este, inmediatamente, trata de arreglarlo. Muy bien, debe ser cierto. Al menos, muchas veces. Pero ni se le ocurra pensar que los varones tienen el monopolio de dar recomendaciones que no les han pedido. A decir verdad, un estudio ha demostrado que las mujeres son más proclives que los hombres a ser críticas frente al comportamiento de su compañero. Entonces, ¿qué podemos hacer? Mucho. Este ejercicio de las guías de estudio le dará la oportunidad de refrenar las recomendaciones no solicitadas, tanto para usted como para su cónyuge.

7. Pare de hablar cuando esté hablando para no hacer

«La demora es la peor forma de negación», enunció el profesor Northcote Parkinson. De hecho, es conocido por su frase curiosa. Estando en un té que habían organizado en su honor, le pidieron que explicara su dicho. «Lo haré», replicó Parkinson, «dentro de unos minutos».

Se entiende la idea, ¿no? Sinceramente, cualquiera que esté reemplazando la acción por conversación vive en un estado de negación. Cada vez que hablamos de algo que necesitamos hacer, en lugar de hacerlo efectivamente, hacemos como si estuviéramos más cerca de actuar. Pero no es así. Arrímese a un grupo de estudiantes de posgrado que se compadecen a sí mismos y que no paran de hablar de las penurias de escribir una tesis doctoral, y entenderá cuánto podrían haber escrito si, sencillamente, hubieran dejado de hablar sobre eso y lo hubieran hecho.

En el matrimonio sucede lo mismo, y la cuestión de las relaciones sexuales es un buen ejemplo. Cuando una pareja empieza a hablar de por qué no tienen demasiado sexo en su matrimonio, esa misma conversación puede impedirles actuar. Les genera más presión. Ahora, su falta de relaciones sexuales se ha convertido en un «problema». Y hay que analizar los problemas, ¿no? Entonces, empiezan a revisar cada parte del problema y, a medida que avanzan las conversaciones, se vuelven más inactivos. Se convierten en víctimas de la «parálisis del análisis». Sus debates conducen a una inactividad terminal. El tiempo que pasan hablando de por qué no hacen el amor, podrían haber estado haciendo el amor.

Desde luego, no siempre es tan simple, pero muchas veces sí. Así que, si está usando su conversación para evitar hacer algo, no lo demore. No viva negándolo. Deje de dar vueltas y empiece a hacer.

Hemos provisto un resumen condensado de las siete ocasiones

Deje de hablar...	**Empiece a decir...**
Cuando uno de los dos no está disponible.	«Necesito hablarte cuando estés disponible. ¿Tendrás un tiempo antes de la cena?»
Cuando ya lo dijo un millón de veces.	«No hablaré de este tema durante los próximos seis meses».
Cuando necesite tiempo para pensar.	«Qué interesante. Déjame pensarlo».
Cuando uno de los dos no es razonable.	«Te daré un poco de espacio a solas».
Cuando se olvidan del problema del que estaban hablando.	«Enfriemos la cabeza y calentemos el corazón».
Cuando lanzan recomendaciones sin parar.	«Sé que no me pediste consejos, pero ¿puedo decirte lo que estoy pensando?».
Cuando hablan para evitar actuar.	«Ya hablamos lo suficiente. Hagámoslo».

de cualquier relación en las que el silencio no solo es oro, sino necesario.

Romper el silencio

William Penn, el fundador de Pensilvania, fue encarcelado durante el siglo xv por sus creencias de cuáquero. Algo que escribió mientras estaba en prisión despertó un pensamiento en nosotros mientras concluíamos este capítulo. Él dijo : «El verdadero silencio es como descanso para la mente». Ciertamente. Y nosotros queremos añadir que el silencio es para la conversación lo que el sueño es para el cuerpo. Un momento de reflexión tranquila en el momento oportuno alimenta y refresca el espíritu del idioma del amor.

Pero, así como dormir de más es un síntoma de posibles problemas, demasiado silencio en una relación es, ciertamente, problemático. Para no ser malinterpretados, queremos enfatizar el valor de hablar. La idea de este capítulo es identificar las ocasiones y los lugares puntuales en los que la conversación no es necesaria y hasta es perjudicial para la relación. Sin embargo, el objetivo general es dar lugar a conversaciones más productivas, significativas e íntimas entre ustedes dos.

CAPÍTULO TRECE

HABLEMOS EL IDIOMA DEL AMOR

La conversación más importante que tendrá en su vida

Lo que haces habla tan fuerte, que no puedo escuchar lo que dices.

RALPH WALDO EMERSON

Recientemente, se realizó el festejo del matrimonio más duradero del mundo. Lee, de 91 años, y Kim, de 95, oriundos de Corea, batieron un récord mundial, según el libro *Guinness de Récords Mundiales*, cuando celebraron su octogésimo segundo aniversario de casados en un acontecimiento festivo en la casa de su hijo mayor, de 75 años de edad[1]. Lee y Kim tienen cinco hijos y tres hijas, y 105 nietos y bisnietos. En su aniversario, la pareja con más años de casados del mundo recibió obsequios especiales, incluidas 82 rosas y audífonos.

¡Luego de más de ocho décadas de matrimonio, les regalaron audífonos! Suponemos que querían asegurarse de que no se perderían ni una palabra. ¿Puede imaginar la cantidad de conversaciones que ha tenido esta pareja? En todo ese tiempo, deben haber tocado todos los temas posibles que un marido y su esposa podrían hablar. Pero este matrimonio sin precedentes nos hizo pensar. Nos preguntamos si Lee y Kim alguna vez le prestaron atención conscientemente a una conversación que quizás ni siquiera se dieron cuenta que habían tenido. Son pocas las parejas que lo hacen.

Cada día que están juntos (ya sea de novios o casados), hay una conversación silenciosa que casi siempre pasa inadvertida. No obstante, el contenido de esta conversación es el debate más importante que tendrá una pareja en su vida. Sus palabras son más duraderas, se sienten más profundamente y tienen más peso del que pudieran imaginar cualquiera de los cónyuges. Esta conversación, más que ninguna otra, determina la intimidad o la distancia que sienten[2]. Básicamente, esta conversación decide si la pareja realmente disfrutará el idioma del amor, si hablarán el idioma del otro como nunca antes lo hicieron. Nos referimos a la conversación que tiene con usted mismo cuando su cónyuge no está escuchando. Hablamos del monólogo interno sobre la relación. Imagine que, al finalizar cada semana, usted mete un microprocesador en una computadora que tabula y categoriza todo lo que usted se dijo a sí mismo sobre su cónyuge. E imagine que esa computadora hiciera lo mismo sobre todo lo que dijo de sí mismo. Desembucharía un registro de todo su monólogo interno concerniente a su relación. Ahora, imagine que ambos se sientan juntos para analizarlo. ¿Qué descubriría? En primer lugar, es casi seguro que se sorprendería si lo escuchara. Por ejemplo, podría descubrir que internamente elogia a su cónyuge con palabras que él o ella nunca escuchan. *Me encanta cuando se pone ese vestido. Él es estupendo con los niños.* Pero también podría escandalizarse al descubrir cuántos comentarios negativos murmura contra su cónyuge. *Le importa más su carro que yo. Es muy descuidada con el dinero*. No solo eso: podría quedarse pasmado por la cantidad de cosas negativas que dice de sí mismo. *Soy tan egoísta. Fui un verdadero imbécil. Debería haberlo sabido. Soy un tremendo idiota.* Esta clase de conversación interna instala parámetros imposibles y luego lo desanima por no cumplirlos. Lo llena de insultos: imbécil, horrible, egoísta, débil. Su voz interior negativa le dice que usted es un compañero terrible, que su cónyuge está enojado o hastiado. Su crítica patológica, si no la controla, debilitará constantemente su dignidad. Y, según algunos especialistas, el monólogo interior de la persona promedio es negativo en una cifra tan elevada como el 77%[3]. Imagine el impacto que tiene esto en el matrimonio; en definitiva, cuánto dificulta el idioma del amor.

El monólogo interior que mantiene sobre su relación es como un prisma a través del cual todas sus conversaciones verbales son refractadas. Si descuida esta conversación encubierta, siempre luchará por entender bien el diálogo explícito con su cónyuge.

Por eso, dedicamos este capítulo a ayudarlo a sintonizar con su monólogo interior en lo referido a su relación, y comenzamos por el descubrimiento de sus orígenes[4]. Le mostramos cómo su cerebro, en lo profundo de sus surcos y cavidades, mantiene la conversación más importante de su vida. También definimos exactamente qué es el diálogo interno. Le enseñaremos cómo puede evaluar con precisión su diálogo interno, concentrándose en las dos bisagras sobre las cuales está fijado el idioma del amor. Por último, lo dejaremos con un ejercicio sencillo pero muy importante para mejorar su monólogo interior.

> *Actuamos sobre nuestros pensamientos. Estos pensamientos, literalmente, se convierten en nuestra experiencia de vida diaria.*
> Wayne Dyer

Su cerebro piensa por sí mismo

El cerebro es el único órgano del cuerpo completamente esencial para la identidad individual. Si usted tiene un riñón o un hígado defectuoso, incluso una falla en el corazón, puede recibir un trasplante y, de todas maneras, mantener su sentido de identidad. Pero si recibiera un cerebro nuevo, adquiriría una personalidad nueva. Tendría una serie de recuerdos distintos, un vocabulario diferente y aspiraciones diferentes. Experimentaría emociones distintas. Con un cerebro nuevo, usted adquiere una mente nueva. En síntesis, suponiendo que la ciencia médica pudiera resolver los problemas increíblemente complejos que conllevaría un trasplante de cerebro, usted sería otra persona dentro de la misma piel. El poder del cerebro humano es indudable. No hace otra cosa que presidir la persona que es usted.

Y es precisamente por eso que el diálogo interno es fundamental para convertirse en la persona que desea ser. Corriendo el riesgo de simplificar demasiado la grandeza de la mente, puede pensar en ella como algo compuesto por conversaciones internas intrincadas. El cerebro es un sistema de circuitos de comunicación complejo que transmite millones de mensajes en todo momento[5]. Estos mensajes determinan quién es usted. Tienen un impacto directo, no solo en su cuerpo sino también en su espíritu. Su personalidad (lo que usted hace y cómo se entiende) está definida por sus mensajes internos.

Acompáñenos a profundizar esta idea. Su estado psicológico y, por ende, el estado de su relación, se representa a través de una serie de conexiones electroquímicas que hay en su cerebro. En otras palabras, usted dicta, en gran medida, qué hace su cerebro con lo que dice cuando nadie lo escucha. Con el transcurso del tiempo, los mensajes secretos que dispara repetidamente a través de su mente empiezan a trazar un surco o a desgastar un camino a través de su corteza[6]. La rutina y la naturaleza habitual de estos mensajes los vuelve prominentes. Alcanzan una prioridad más alta que otros. Estos mensajes dominantes, los que escucha más fuerte, más a menudo y más rápido, son los que definen su diálogo interno y, por consiguiente, su relación.

¿Qué es el diálogo interno?

Cada uno de nosotros, a cada minuto de cada hora, mantiene un diálogo interminable consigo mismo, un diálogo que tiñe cada experiencia; especialmente, nuestra relación amorosa o nuestro matrimonio. El diálogo ha sido comparado con una catarata de pensamientos que caen permanentemente en lo recóndito de nuestra mente. Los pensamientos pocas veces son percibidos, pero continuamente moldean nuestras actitudes, emociones y perspectiva.

Por lo general, este monólogo interior no se dice en voz alta, pero su mensaje es más penetrante que cualquier voz perceptible. Es más, es reflexivo. Automático. El monólogo interior se produce sin ninguna reflexión o razonamiento previos. Nuestro cerebro instantáneamente lo considera creíble y válido. No es necesario que nuestro monólogo interior sea acertado. De hecho, para muchos de nosotros, pocas veces lo es. Pero nunca le impide a la mente que actúe como si lo fuera.

En el año 1955, un profesor de psicología poco conocido de la Universidad Rutgers estaba estableciendo una práctica de consejería, pero se sentía cada vez más desilusionado con los métodos tradicionales de tratamiento. En su opinión, el psicoanálisis era demasiado costoso, tardaba demasiado tiempo y estaba sumamente desconectado del modo en que cambian las personas. Por lo tanto, abandonó completamente el psicoanálisis y empezó su propio estilo de terapia fundando su Instituto para la Vida Racional. Albert Ellis, el fundador, recorrió el país llevando a cabo talleres sobre su famosa Terapia Racional Emotiva Conductual. Ellis fue el primero en usar el término *diálogo interno*. Hoy en día, desde luego, es parte de un vocabulario compartido y hay varias cualidades que lo definen.

El diálogo interno es personal y específico

Judy está casada desde hace cuatro años. Anoche, durante la cena, le preguntó a su marido, Bill, si querría salir a caminar por el vecindario después de comer. Bill dijo que prefería leer el periódico. Esto la frenó en seco. *Él no disfruta realmente de mi compañía*, se dijo a sí misma. Observe que Judy no pensó: *Probablemente esté cansado después de tanto trabajar*. Ni siquiera dijo: *Tal vez le duela la rodilla*. Lo enfocó en un pensamiento que tiene que ver consigo misma: *Bill no quiere estar conmigo*.

El diálogo interno es conciso

El diálogo interno suele estar conformado por unas pocas palabras o, incluso, por una breve imagen visual[7]. *Café con leche en O'Hare*. Cuando yo (Les) pienso en estas cinco palabras, inmediatamente engendran insuficiencia. Me recuerdan la época en que era un verdadero idiota como marido (cuando no quería comprar una mísera taza de café carísimo mientras viajábamos). Desde entonces, cada vez que empiezo a tomar una decisión egoísta que afecta a mi esposa (momento en el que estoy a punto de rechazar un pequeño acto que le haría saber a Leslie que la valoro), estas cinco palabras me acechan e, inmediatamente, me tiran abajo. Esa es la naturaleza del diálogo interno.

> *El respeto propio es la piedra fundamental de toda virtud.*
> John Herschel

Una sola palabra o una frase breve se convierten en el atajo para un grupo de reproches a mí mismo, temores o recuerdos.

El diálogo interno es rápido y espontáneo

Usted va de una punta a la otra de la ciudad, haciendo diversos trámites, cuando reconoce a su marido en una ventanilla de Ticketmaster. *Está comprando entradas para ir a un partido con sus amigos*, se dice a sí misma, sin dudarlo. Inmediatamente, se pone nerviosa. Al fin y al cabo, lo ve con sus propios ojos, bromeando con sus amistades durante el horario del almuerzo. *Es tan típico de él*, dice, indignada. *Ni siquiera tiene en cuenta cómo podría afectar eso mis horarios.* Se siente molesta por el asunto durante toda la tarde y, a medida que se enoja cada vez más, sabe qué va a decirle cuando llegue a casa. Desde el momento que lo ve, le dice de mala manera y en voz alta: «¡Podrías haberme preguntado primero!». Obviamente sorprendido, su marido dice: «¿Preguntarte acerca de qué?». Es en ese momento cuando usted se lo hace saber, revelándole que lo atrapó con las manos en la masa. «Ah, cariño», dice él, «quería darte una sorpresa». *¿Sorprenderme? ¿De qué habla?* «Yo sabía que deseabas ver *Mi bella dama* mientras aún estaba en cartelera en la ciudad, así que durante mi hora de almuerzo fui a comprar entradas para que vayamos mañana por la noche». Es propio del diálogo interno no perder tiempo en precipitarse a juzgar.

El diálogo interno es creíble, por más irracional que sea

Acabábamos de bajar de la plataforma, luego de dar una conferencia en nuestra universidad. Yo (Les) me dediqué a guardar las cosas en mi maletín y a responder algunas preguntas de los estudiantes. Estaba listo para irme, cuando noté que Leslie estaba rodeada por, al menos, una docena de estudiantes. «Doctora

Parrott», escuché que le decía una de las jóvenes, «lo que usted dijo esta noche, realmente, me ayudó». Otros alumnos reunidos alrededor de ella asintieron y luego le hicieron algunas repreguntas sobre la conferencia. Cuando por fin salimos del auditorio, le pregunté a Leslie: «Entonces, ¿cómo crees que salió esto?». Fue en ese momento cuando Leslie me sorprendió: «Realmente, fracasé», dijo. Por supuesto, yo contraargumenté con una fuerte dosis de elogios y le recordé lo que los alumnos acababan de decirle. Pero déjeme decirle que si ella, o cualquier otra persona, le cree a su propio diálogo interno («Hiciste un trabajo espantoso»), los mensajes contrarios no servirán de nada. Si una persona siente que no cumplió con sus propios criterios, puede convencerse de que ha fallado. ¿Le parece irracional? Ni lo dude. Pero así es el diálogo interno.

El diálogo interno se aprende

Cindy creció en un hogar muy formal. Su padre, por ejemplo, siempre le abría las puertas a su madre. De hecho, su madre se quedaba sentaba en el lugar del acompañante del carro hasta que su papá se bajaba y le abría la puerta. *Así es cómo un hombre le demuestra a su esposa que la ama*, pensaba la pequeña Cindy en su mente. ¿Quién no lo haría? Pero, como podrá suponer, cuando Cindy se casó, su marido nunca consideró semejante «concepción anticuada». «Es para eso que tenemos cierre centralizado», solía decirle en broma a su flamante esposa. Pero una voz apacible dentro de la cabeza de Cindy decía: *Si él realmente me valorara, me abriría la puerta del carro*. Por supuesto, Cindy no lo diría si no lo hubiera presenciado a lo largo de su infancia. Lo aprendió, de la misma manera que todos adquirimos un diálogo interno basado en nuestra crianza. Sin embargo, este aspecto del diálogo interno es el más alentador: si es posible aprender un diálogo interno irracional, también puede ser desaprendido[8].

Para resumir, el diálogo interno (los pensamientos automáticos que trazan surcos en nuestro cerebro) es personal y específico, conciso, rápido y espontáneo, creíble y aprendido. Con esta concepción, ahora daremos un giro para ver de qué modo estas declaraciones silenciosas, las que escuchamos más fuerte, con mayor frecuencia y más rápidamente, ayudan o ponen trabas al idioma del amor.

Ejercicio 18

Entréguese a su diálogo interno

El paso más importante para usar el diálogo interno para su beneficio es tomar conciencia de lo que realmente se dice a sí mismo. Una vez que es consciente de su diálogo interno, usted puede hacer algo al respecto. Este ejercicio de la guía de estudio está pensado para ayudarle a hacer simplemente eso. Le presentará una serie de situaciones y luego le pedirá que elija entre diversas respuestas típicas. Sus respuestas revelarán mucho de lo que usted se dice a sí mismo cuando nadie lo escucha.

El mensaje reinante de la relación

Presione la tecla para retroceder de su reproductor mental de cinta. Repase alguna conversación que haya tenido hoy con su pareja. Pudo haber sucedido esta mañana mientras se preparaba para trabajar. Tal vez, fue por teléfono, o cerca de la hora de la cena. Reproduzca la conversación tanto como le sea posible. Ahora, retroceda el reproductor para revisar los mensajes que mandó durante ese mismo intercambio. ¿Esas conversaciones le vienen a la mente con la misma facilidad? No si usted es como la mayoría de las personas. La mayoría recordamos con mayor claridad las palabras que decimos en voz alta, que las que nos decimos a nosotros mismos.

Sin embargo, nuestra conversación interna es real. Mientras que en voz alta hablamos a un promedio de entre 150 a 200 palabras por minuto, los estudios sugieren que en privado, nos hablamos a 1 300 palabras por minuto. Y esta conversación interna nunca se desconecta; incluso continúa mientras dormimos, monitoreando e influyendo en nuestros sueños.

El punto es que tal vez no siempre sea consciente de su diálogo interno, aunque eso no impide que dicho diálogo siga moldeando su relación. Pero no tiene que impedirle hacer algo al respecto. La clave, desde luego, es tomar conciencia. Una vez que es consciente del mensaje reinante en su relación, puede hacer algo al respecto. Nosotros tenemos una manera de ayudarlo a hacer justamente eso. Tiene que ver con el respeto: cuánto se respeta a sí mismo y cuánto respeta a su cónyuge.

Esta idea de respeto nos lleva al punto de partida, de vuelta a la Primera Parte de este libro, en la cual hablamos de descubrir su factor personal de miedo (ya sea que se trate del miedo a perder tiempo, aprobación, lealtad o calidad). Este entendimiento es la base de toda conversación excelente. Y cuando da lugar a que el respeto forme parte de la comprensión de su propio factor de miedo, así como el de su cónyuge, el mensaje reinante en su relación da un salto significativo, porque el respeto procura la seguridad emocional.

El diccionario define *respeto* como un sentimiento de reconocimiento, honra y estima. «El respeto es el hermano menor del amor», según un proverbio inglés. Crea una sensación de seguridad, así como de admiración y de gratitud. Cuando se respeta a sí mismo, se siente valioso. Y cuando respeta a su cónyuge, lo tiene en alta estima.

Su diálogo interno, cuando respeta a su cónyuge, suena así: *Estoy tan agradecida de que él sea mi pareja. Realmente, admiro cómo ella vive su vida. Conozco cuál es la necesidad personal de seguridad de mi cónyuge y quiero honrarla. Soy una mejor persona gracias a mi cónyuge.*

> *La primera orden del día de cualquier persona que quiera disfrutar el éxito en todas las áreas de su vida es hacerse cargo de su diálogo interno.*
> Sidney Madwed

Y cuando se respeta a sí mismo, su diálogo interno suena así: *Me siento bien por el tipo de pareja que soy. Me respeto lo suficiente para hacerle saber cómo me siento, aunque él no esté de acuerdo. Cuando cometo errores, sigo siendo valiosa. Necesito ser sincera respecto de quién soy y reconocer mi necesidad personal de seguridad. Mi compañero es una persona mejor porque yo estoy en su vida.*

Monitoree y mejore su voz interior

Si tuviera que resumir todas las frases de su diálogo interno referidas a la relación y pusiera las negativas de un lado de la balanza y las positivas del otro, ¿cuáles dominarían? ¿Serían las

Ejercicio 19

Evalúe sus niveles de respeto

¿Quiere examinar más a fondo el mensaje reinante en la relación? Este ejercicio brinda una prueba de respeto que, seguramente, esclarecerá su diálogo interno. Le ayudará a cuantificar su respeto propio y el respeto de su cónyuge. Pero no se preocupe: no es un ejercicio peligroso; está simplemente concebido para mejorar su nivel de concientización para que usted pueda implementar mejoras, en caso de ser necesario.

positivas? Esperamos que sí, ya que cuanto más positivo sea el mensaje reinante en la relación, más probable será que respete la necesidad de seguridad de su cónyuge y, como consecuencia, disfrute del idioma del amor. Pero, para ser sinceros, una frase interna negativa puede dejar de cama a decenas de afirmaciones positivas, si se la expresa en un momento importante. Por esta razón es particularmente valioso que monitoree su voz interior en situaciones que a menudo suscitan un tono negativo.

Una señal indicadora de autosabotaje es la que aparece cuando lo que le sucede no concuerda con lo que espera. Es viernes por la noche y desea que su esposo proponga un restaurante divertido para ir a cenar. Después de todo, «un marido amoroso querría facilitarle las cosas a su mujer y pasar un rato juntos». Pero la idea nunca se le cruza por la cabeza a él, y usted no dice una palabra porque «él debería tener la iniciativa». Entonces, usted saca las sobras del refrigerador y se sientan a comer. «Quizás, aún podamos tener una conversación agradable», se dice a sí misma. Pero se siente abatida cuando su cónyuge apunta hacia la ensalada al otro lado de la mesa de la cocina, mientas se lleva a la boca un tenedor lleno de sobras de espaguetis. Usted quería comunicarse, pero él está demasiado ocupado engullendo la comida como si llegara tarde a un vuelo. En realidad, es un partido que dan por la TV. Entonces, usted cierra la boca porque «una mujer no debería tener que pedirle a su compañero que le dirija la palabra». Para colmo, se dice a sí misma: «Si yo le importara, querría saber cómo estoy». En ese momento, su factor personal de miedo a perder su lealtad surte efecto y usted se da una panzada de autocompasión en su lado de la mesa, y él ni siquiera parece notarlo. «Tomaré el helado en la sala», dice él y se levanta de la silla, todavía masticando un grisín.

Se queda sentada, sintiéndose rechazada y deprimida.

Enfurruñada. Entonces, murmura en voz baja para sí misma: «Se acabó la devoción». Mientras tanto, el respeto por usted misma cae en picada, tanto como se desploma el respeto por su cónyuge.

Analicemos bien su diálogo interno en esta situación. Si tuviera que monitorearla, pronto se daría cuenta de que ha sido su peor enemigo. Su objetivo era comunicarse con su pareja y ver alguna muestra de dedicación de parte de él, pero terminó tratando de castigarlo por no iniciar una conversación. Quiso reprimirlo por estar apurado para mirar el partido, en lugar de hablarle. Al final, solo se castigó a usted misma.

QUÉ DECIR CUANDO SE HABLA A SÍ MISMO

Las siguientes autoafirmaciones han superado el paso del tiempo para respaldar el respeto por sí mismo y el respeto por su cónyuge. Asegúrese de incluir algunas de estas frases breves o preguntas a su monólogo interno.

- «¿Cómo me sentiría si estuviera en los zapatos de mi cónyuge ahora mismo?».
- «Quiero tener presente la necesidad de seguridad de mi cónyuge».
- «Nadie es perfecto (incluidos mi cónyuge y yo)».
- «Una de las cosas que más valoro de mi cónyuge en el día de hoy es…».
- «Si no me siento valorado, puede ser porque no me muestro agradecido».
- «¿Qué cosa podría hacer hoy por ser un mejor esposo/esposa?».
- «No siempre puedo decidir qué me sucede, pero siempre puedo decidir cómo reaccionar ante eso».

Cuánto habría cambiado su ánimo si hubiera optado por decir: «No puedo pretender que me lea los pensamientos; él no sabe que esta noche me gustaría salir y disfrutar de una conversación». O: «El hecho de que él no haya iniciado una conversación en este momento no significa que no esté interesado en mí o que no esté dedicado a nuestra relación». Claro, necesitaría cierto entrenamiento mental para conjurar estos pensamientos, pero ¿acaso no son más acertados, más racionales?

Esta clase de diálogo interno desarrolla su respeto propio y el respeto por su cónyuge. Con un diálogo interno más racional, se siente más fortalecida para decir en voz alta: «En realidad, esta noche quisiera salir a comer y que pasemos un rato juntos». Dé a conocer sus deseos. Sin juegos de adivinanzas. Sin lectura de la mente. Y, en el proceso, respete a su cónyuge. No lo arrincone a tener una actitud que solo usted sabe que desea.

Los sentimientos de valía solo pueden florecer en un ambiente donde las diferencias individuales son apreciadas, los errores son tolerados, la comunicación es abierta y las reglas son flexibles.
Virginia Satir

Lo central es que el diálogo interno sobre la relación depende de dos elementos: el respeto por uno mismo y por su cónyuge. Y cuanto más cultiven ambas formas de respeto, más honrarán los factores personales de miedo de cada uno y disfrutarán de la paz del idioma del amor.

Hable desde sus fortalezas

Si está sintiendo el más mínimo desánimo, si considera que tiene un serio trabajo por hacer, queremos dejarle una palabra de aliento. Está más cerca de lo que piensa de disfrutar del idioma del amor.

Aprenda una enseñanza del mundo empresarial. Todo empresario entendido sabe que el éxito comienza cuando aprovecha al máximo lo que mejor hace. De hecho, las empresas más exitosas del mundo actual forjan toda su iniciativa en torno a las fortalezas de cada empleado individual. Según dicen ellos, la verdadera tragedia de cualquier empresa no es que sus empleados no tengan las fortalezas adecuadas, sino que no usen las fortalezas que poseen. Lo mismo puede decirse sobre las relaciones. Podemos obsesionarnos tanto por nuestros déficits que descuidamos completamente nuestras fortalezas. Nos convertimos en lo que Benjamín Franklin llamó «relojes solares en la sombra». Ese es el peligro de tener un monólogo negativo sobre usted o su cónyuge. Por eso, queremos dejarles la oportunidad concreta de enfocar sus energías en afirmarse en lo que ambos hacen bien, para que vean un salto cuántico tanto en el respeto propio como en el respeto por su cónyuge. En principio, podrá pensar que suena básico y superficial, pero hemos visto que hace milagros en infinidad de parejas cuando aprovechan al máximo sus fortalezas y contemplan cómo florece el idioma del amor. Así que los instamos a que se lo tomen en serio.

Los pasos a seguir son: en primer lugar, haga una lista de seis cosas que valora de su cónyuge. Tómese un tiempo para reflexionar en ellas y anotarlas. Es fundamental que sea tan específica como pueda y se concentre en cualidades de su carácter (no solo en lo que él o ella hace por usted). Por ejemplo, puede que a usted le gusten las notas cariñosas o los tiernos mensajes de texto que le manda su cónyuge, pero el rasgo subyacente del carácter sería que él es cariñoso. Podría ser que valore cómo su cónyuge se ocupa de recoger su correspondencia, pero el rasgo del carácter que hay detrás es que ella es considerada. Quizás valore que su esposo siempre pague sus cuentas a término, pero el rasgo del carácter sería que es disciplinado. Ya va entendiendo la idea. Tenga en cuenta rasgos admirables de la manera de ser como:

- cariñosa/o
- alegre
- comprometida/o
- compasiva/o
- segura/o
- creativa/o
- devota/o
- elegante
- activa/o
- fiel
- generosa/o
- dulce
- honesta/o
- amable
- optimista

Esto es solo para empezar. Usted puede añadir sus propios rasgos a esta lista. Para cada rasgo de carácter que identifique, sería útil que anote dos o tres ejemplos de cómo suele observarlo en su cónyuge.

Recomendamos mucho que tenga en cuenta las fortalezas de su cónyuge en estas categorías: mental, social, física y espiritual. Cada cónyuge quiere sentirse mentalmente competente, socialmente deseable, físicamente atractivo y espiritualmente necesario, así que tenga en cuenta los comentarios que estimularían el respeto propio de su cónyuge en cada una de esas áreas. Si estas categorías no le resultan convenientes, está bien. El objetivo principal es que haga una lista de las seis cosas que más valora de su cónyuge.

Tómese un tiempo prudencial para armar esta lista, pero una vez que la tenga, le garantizamos que a su cónyuge le encantará verla. De hecho, es esencial para mejorar el respeto mutuo entre ustedes. Le sugerimos apartar un tiempo específico como pareja para compartir sus listas. Véanlo como un encuentro de parejas solo para ustedes dos. ¡Podría ser la reunión más importante a la que asistan en todo el año!

Ejercicio 20

Hable desde sus fortalezas

Este ejercicio de la guía de estudio podría ser el más importante que haga. Está diseñado para ayudarlo específicamente a profundizar en lo que usted y su cónyuge hacen excepcionalmente bien. Muchas parejas omiten hacer un inventario de sus fortalezas porque creen que tienen que trabajar en sus déficits, pero si se enfocan solo en lo negativo quedarán empantanados. No dejen de hacer este ejercicio valioso. Usen el cuadro detallado en sus guías de estudio.

Una vez que ambos hayan dedicado un tiempo para completar sus listas, compártanlas voluntariamente entre ustedes. Por cierto, cuando escuche a su cónyuge relatar la lista de cualidades que admira en usted, no se sienta obligado a hacer comentarios. Y, desde luego, no las rebaje. Es, simplemente, un momento para asimilar los halagos.

> *Los sentimientos simplemente son lo que nos decimos a nosotros mismos sobre nuestras experiencias.*
> Charles T. Brown

El verdadero valor de este ejercicio radica en mantener a mano su lista: la que usted hizo para su cónyuge y la que su cónyuge hizo para usted. Pónganla en la billetera. Colóquenlas en el escritorio. Eso los ayudará una y otra vez cuando se esfuercen por promover su respeto propio y el respeto por su cónyuge. Mientras revise su lista de vez en cuando, seguirá sacándole provecho a sus fortalezas. Este ejercicio sencillo es la manera más efectiva que hemos encontrado para mejorar y mantener un monólogo interior positivo.

Por cierto, este ejercicio no termina ahí. Cada tantos meses, les sugerimos que repasen y actualicen sus listas. Mark Twain decía que podía vivir dos meses con un buen elogio. Ese podría ser un buen lapso en el cual actualizar su listado de afirmaciones. La idea es mantenerlo interesante.

Entonces, recuerde

La conversación silenciosa que se desarrolla en su cabeza condiciona la intimidad o la distancia que sienten el uno con el otro. Cuando la cantidad de declaraciones positivas que usted hace supera a las negativas, está hablando el idioma del amor. Cuando recuerda el factor personal de miedo de su cónyuge y respeta su necesidad de seguridad emocional, está hablando el idioma del amor. Cuando voluntariamente respeta y honra el condicionamiento del estilo de hablar de su cónyuge, está hablando el idioma del amor. Cuando se pone en el lugar de su cónyuge con total empatía, está hablando el idioma del amor. Cuando tiene presentes las diferencias de género que tienen y escucha con el tercer oído, está hablando el idioma del amor. Cuando hace alguna y todas estas cosas, está hablando el idioma del amor. Con fluidez.

EPÍLOGO

El mensaje fundamental del idioma del amor

SGEÚN UN ETSUDIO de al Uvernidisad de Cmabirdge, no ipmrota en qué odren etsén ecristas las lertas de una plaraba; lo úcino ipmronatte es que la piremra y la útlima lerta etsén en el lagur crotcero. El rteso peude etsar en un tatol dosenredn, que utsed iluganemte pordá lerela sin prelomba. Etso es prouqe la mnete hamuna no lee lerta por lerta, snio la plaraba como un tdoo.

De acuerdo, antes de que corra a mandarle un correo electrónico al editor sobre la intolerable falta de revisión de errores tipográficos de esta página, queremos estar seguros de que haya leído todo el párrafo para que comprenda la idea. La cuestión es que, aun con un montón de errores, igualmente puede comunicarse con gran efectividad.

Los dejamos con esta pequeña sorpresa porque revela una enseñanza importante para cada pareja que quiera disfrutar el idioma del amor: los mejores comunicadores se permiten el uno al otro cometer errores, porque ambos están destinados a cometerlos (ni siquiera los expertos más estudiados cuentan con un historial perfecto), y la vida compartida es mucho más agradable cuando sus errores comunicativos son recibidos con gracia.

De vez en cuando, en alguno de los seminarios sobre relaciones que damos por el país, escuchamos a las parejas que hablan durante el almuerzo o en un descanso, y uno de ellos dice: «Oye, no estás escuchándome como dijeron que lo hiciéramos», o «No estás aclarando mi contenido como acabamos de aprender». Eso siempre nos da vergüenza ajena. La idea no es ser perfectos ni atrapar a su cónyuge cometiendo un error. La idea es conectarse.

Piénselo de esta manera: les hemos dado las mejores herramientas que tenemos para que cada uno hable el idioma del otro, para hacer que la conexión verbal sea lo más profunda posible. Usted ha leído el libro, ha hablado sobre sus principios y ha realizado las autoevaluaciones. Ahora es momento de que ponga en práctica lo que aprendió. Lo que nos demuestra esta investigación de la Universidad de Cambridge es que cada uno de nosotros está programado para encontrarle sentido a los errores de comunicación. ¡Esa es una buena noticia (estupenda noticia) para todos los que anhelan hablar el idioma del amor! Cuando estamos dispuestos a ver más allá de los errores, tenemos una ventaja sobre cada fracaso inevitable en la comunicación.

Este libro no los transformará en comunicadores perfectos en todo momento. Somos los primeros en reconocerlo. Les garantizamos que todavía habrá ocasiones en las que se sentirán completamente incomprendidos. Ocasiones en las que escucharán que su cónyuge dice algo de una manera que nunca tuvo la intención de decir. Seguramente, habrá veces en las que su cónyuge tratará algún tema demasiado a la ligera o con demasiada seriedad. Le damos la garantía de que se chocará con momentos en los que, sencillamente, su compañero «no se comunica bien». Por cierto, su cónyuge descubrirá lo mismo en usted. Así es la vida en una relación íntima.

Pero en esas ocasiones cuando su comunicación no sea fácil, tome la decisión de, conscientemente, pasar por encima de cualquier error que encuentre (aun de los más flagrantes). Cuando descubra que su cónyuge comete un error, renuncie a ser quisquilloso y guarde su dedo acusador. En cambio, concéntrese en lo que entienda y en lo que tenga más sentido. De seguro, esto suprimirá su crítica interior, reencaminará la comunicación y les dará un espacio para que cada uno respire hondo... y se relaje en la comodidad de dar y recibir gracia.

No tienen que ser «cunomicarodes pferectos» para hablar el idioma del otro. La perfección nunca ha sido un prerrequisito para tener una conexión profunda. Ese es el mensaje fundamental del idioma del amor.

Apéndice

Una ayuda práctica para el cónyuge silencioso

Los palos y las piedras son duros para los huesos,
cuando son apuntados con destreza furiosa.
Las palabras pueden lastimar como cualquier otra cosa,
pero el silencio rompe el corazón.

PHYLLIS MCGINLEY

CUANDO TRABAJABA como psicólogo recién egresado del doctorado, yo (Les) a menudo consultaba con los médicos que trataban a pacientes afectados por terribles quemaduras físicas. Dado que el proceso de curación de los pacientes quemados es atroz y que el tratamiento necesario es tan doloroso, algunos pacientes quemados simplemente no pueden sobrellevarlo y dejan de intentarlo. Cuando las enfermeras los llevan en sillas de ruedas por los pasillos y los ingresan en el cuarto del tanque donde serán sumergidos para que la piel quemada les sea meticulosamente restregada para prevenir infecciones peligrosas, los pacientes lloran a gritos: «No me toque. ¡Solo déjeme morir!». No es ninguna exageración decir que algunos de los que no hablan se sienten de la misma manera en cuanto a la posibilidad de sufrir en su relación[1]. En silencio, claman: «¡No me toques! Déjame en paz». Probablemente, hayan aprendido de la peor manera que la vulnerabilidad puede ser espantosa. Les han pateado el corazón en el piso demasiadas veces.

Entonces, cierran la boca y prometen en silencio que nunca volverán a abrirse. Se convierten en el cónyuge silencioso.

Pero, interiormente, cada cónyuge silencioso sabe que su sanidad, tarde o temprano, lo llama a abrirse. Es la naturaleza del amor. «Amar es ser vulnerable», escribe C. S. Lewis en *Los cuatro amores*. «Basta con que amemos algo para que nuestro corazón, con seguridad, se retuerza y, posiblemente, se rompa. Si uno quiere estar seguro de mantenerlo intacto, no debe dar su corazón a nadie, ni siquiera a un animal. Hay que rodearlo cuidadosamente de caprichos y de pequeños lujos, evitar todo compromiso; guardarlo a buen recaudo bajo llave en el cofre o en el ataúd de nuestro egoísmo. Pero en ese cofre —seguro, oscuro, inmóvil, sin aire— no cambiará; no se romperá. Se volverá irrompible, impenetrable, irredimible. El único sitio, aparte del cielo, donde se puede estar perfectamente a salvo de todos los peligros y perturbaciones del amor es el infierno».

Si tiende a ser una persona de no hablar, queremos animarlo. No tiene que seguir viviendo en un cofre silencioso de temor. Puede amar y ser amado. ¿Es arriesgado? Seguro. Pero el siguiente plan de seis pasos ayudó a cientos de personas como usted a soportar el riesgo y a recuperar una relación caracterizada por el idioma del amor. Así que, ahí vamos.

1. Apodérese de su porción del pastel

En 1990, cuando Bill McCartney fundó Promise Keepers (Cumplidores de Promesas), el ministerio dedicado a formar hombres de integridad, verdaderamente creía que su matrimonio con Lyndi iba bien. Sin embargo, sus compromisos para entrenar otra temporada estelar en la Universidad de Colorado, así como con la formación de su nuevo ministerio facilitaron el camuflaje perfecto para la hipocresía que había en su vida personal. «Podrá sonar increíble», escribió en su libro *Sold Out* (Agotado), «pero aunque Cumplidores de Promesas me inspiraba espiritualmente hasta los tuétanos, mi enfoque enérgico del ministerio estaba desviándome de ser, en el sentido más auténtico, un cumplidor de promesas para mi propia familia».

McCartney señala dos acontecimientos que le mostraron que estaba desconectado y que evadía la responsabilidad por la situación de su propio matrimonio. Uno fue una reunión de Cumplidores de Promesas en la cual les dijeron a los hombres que escribieran el número que sus esposas les darían a sus matrimonios si tuvieran que calificarlos en una escala del uno al diez. Con vergüenza, tuvo que reconocer ante los otros hombres que estaban en la plataforma que Lyndi, probablemente, le daría solo un seis a su matrimonio.

Luego, en el otoño de 1994, McCartney escuchó a un orador que enunció esta declaración mordaz: «Si quiere conocer el carácter de un hombre, mire el rostro de su esposa. Lo que él haya invertido o le haya negado a ella, se verá reflejado en su expresión». Algo hizo un clic en McCartney. Según sus propias palabras, acompañó a su «esposa dolida» a la salida del estacionamiento, decidido a reconstruir su matrimonio, aunque eso le exigiera medidas drásticas. Poco después, el entrenador McCartney anunció que se retiraba de la Universidad de Colorado para pasar tiempo con Lyndi. Para hacerlo, renunció a los diez años que le quedaban de su contrato de 350 000 dólares anuales. *Sports Illustrated* lo llamó «antiestadounidense». McCartney lo describió como aceptar la responsabilidad por el estado de su matrimonio.

El mejor día de cualquier relación es cuando los dos integrantes aceptan la responsabilidad de su porción del pastel. Generalmente, no es obligatorio hacer algo tan drástico como abandonar su empleo, pero puede ser tan aterrador como eso. Apoderarse de su déficit (sus hábitos de no dialogar) puede ser abrumador porque, una vez que se apodera, está obligado a cambiar. Esto debe ser lo que estaba pensando Nelson Mandela cuando dijo: «Nuestro miedo más profundo no es que seamos inadecuados. Nuestro miedo más profundo es que somos poderosos sin límite».

A corto plazo, es mucho más fácil evadir la responsabilidad por nuestros problemas echándole la culpa a otra persona. Pero, a largo plazo, reconocer su falta de empatía, sus desaires y su autosabotaje es el indicador más importante de que podrá transformar su falta de diálogo en el idioma del amor.

2. Identifique su vulnerabilidad

Aquiles, el mitológico héroe griego, fue célebre por su fuerza y por su valentía. En *La Ilíada*, su madre, Tetis, tuvo la premonición de que su hijo moriría en la batalla. Entonces, lo metió en el río Estigia para volverlo invulnerable. Tetis sujetó del talón al pequeño, mientras el resto de su cuerpo estaba sumergido en el agua. Por cosas del destino, una flecha envenenada hirió a Aquiles en el talón, su único punto vulnerable, y le causó la muerte.

Lo más probable es que la falta de diálogo sea el talón de Aquiles de su relación. Al margen de esta única debilidad, su relación podría aparentar ser fuerte. Quizás tienen su economía asegurada, viven en un buen vecindario y tienen un círculo de amigos cariñoso y unos hijos maravillosos. Pero, hasta que protejan su relación de la debilidad comunicacional, su relación está en peligro. Hemos visto a más parejas de las que nos tomamos el trabajo de contar cuya relación se derrumbó (a pesar de que tenían muchas cualidades positivas) porque no quisieron ocuparse de esta cuestión de no hablar nunca.

Por eso, los alentamos a reconocer la gravedad de este déficit. No se engañe a sí mismo pensando que desaparecerá por su cuenta. Tiene que prestarle atención. Y, como está leyendo este libro, sabemos que está haciendo justamente eso. Está en camino.

3. Vea más allá de su propio dolor, al dolor de su cónyuge

Sabemos que es probable que usted tenga un buen motivo para retirarse. Se siente dolido. Aguantó una injusticia que no merecía. Sea cual sea su historia, no queremos menospreciarla, pero sí queremos ayudarlo a superarla. Así que este paso puede ser difícil. Queremos que, expresamente, pase por encima de su propio dolor y busque el de su cónyuge.

Hay un antiguo cuento chino sobre una mujer que perdió a su único hijo. En su angustia, fue a ver a un hombre santo y le preguntó: «¿Qué encantamientos mágicos tiene para devolverme vivo a mi hijo?». El hombre, en lugar de pedirle que se fuera o de razonar con ella, le dijo: «Tráeme una semilla de mostaza de un hogar que jamás haya conocido la tristeza. La usaremos para sacar el dolor de tu vida».

La mujer partió inmediatamente en busca de esa semilla mágica de mostaza. Primero, llegó a una mansión espléndida, llamó a la puerta y dijo: «Busco un hogar que nunca haya conocido la tristeza. ¿Este es esa clase de lugar? Es muy importante para mí». La gente de la casa le dijo: «Ciertamente, ha venido al lugar equivocado». Y comenzaron a describir todas las tragedias que recientemente les habían sucedido. La mujer se dijo a sí misma: «¿Quién está mejor capacitado para ayudar a estas pobres personas desafortunadas que yo, que he tenido mi propio infortunio?». Se quedó a consolarlos, y luego continuó buscando un hogar que nunca hubiera conocido la tristeza. Pero, dondequiera que dio vueltas, ya fuera en chozas o en palacios, descubrió un relato tras otro de tristeza y desgracia.

Finalmente, la mujer se involucró tanto en ministrar la pena de otras personas, que se olvidó de su búsqueda de la semilla mágica de mostaza, sin darse cuenta de que, consecuentemente, esto eliminó el dolor de su vida.

Una vez que tome la decisión de estar por encima de su autocompasión, una vez que renuncie a la cura mágica para sus condiciones, descubrirá que tiene una actitud completamente nueva para la vida y para el amor. Verá que su relación no existe solamente para satisfacer sus propias necesidades, sino que se trata de satisfacer las de su compañero. Seguramente, esto ya lo sabe en sus pensamientos, pero tome la determinación de que su corazón perezoso también lo acompañe. Esto abrirá la puerta de su vida a la empatía; se sorprenderá y se asombrará al ver su poder transformador.

4. Busque una retroalimentación compasiva pero sincera

Henry Ward Beecher dijo: «Ningún hombre puede decirle a otro sus faltas con el objetivo de beneficiarlo, a menos que lo ame». Si pretende aprender a hablar y empatizar con su pareja, descubrirá que el viaje es mucho más fácil con la compañía de un guía de confianza, un mentor o un compañero a quien rendirle cuentas que camine con usted, no con el propósito de remarcarle sus fallas, sino porque quiere lo mejor para usted.

Por ello, tenga seriamente en cuenta a un mentor o instructor a quien pueda hacerle confidencias; una persona que lo guíe cuidadosamente mientras usted trabaja para salir de la rutina de no hablar y traza un nuevo surco en sus esquemas de comunicación.

Aunque podría resultar difícil dar este paso, hemos descubierto que acelera significativamente el proceso para la mayoría de las personas.

Acérquese a una persona a quien respete y consúltele sobre una relación de tutoría, lo cual le permitiría aprender más sobre cómo ser un cónyuge amoroso. Incluso podría considerar la opción de contratar un orientador personal a corto plazo. Desde luego, el ser orientado o aconsejado le requerirá abrirse a recibir comentarios críticos. Pero un verdadero orientador solamente le hará críticas misericordiosas para ayudarlo a mejorar. Una relación de tutoría establece un sentido de responsabilidad para mejorar y es un elemento vital para cualquier persona que se proponga seriamente cambiar sus hábitos. Hasta el ícono de las personas que no hablan, Ebenezer Scrooge (en *Un cuento de Navidad* de Charles Dickens), tenía un «mentor» en el fantasma de Jacob Marley. Por su relación, el miserable anciano exclamó: «No seré el hombre que fui», y no lo fue.

5. Experimente con la vulnerabilidad

Le guste o no, cuando nos abrimos a otra persona, nos arriesgamos al rechazo o a la desilusión. De la misma manera que un niño se arriesga a rasparse una rodilla cuando está aprendiendo a andar en bicicleta, así también usted y yo nos arriesgamos al dolor emocional cuando nos metemos en un diálogo vulnerable. Ahora, no me malinterprete. No estamos pidiéndole que desnude su alma al nivel más profundo. Simplemente le sugerimos que intente un experimento. Que confiese un proyecto laboral, por ejemplo, del que, normalmente, no diría ni una palabra. Cuéntele a su cónyuge cómo lo hace sentir. Diga algo como: «Tengo esta fecha de entrega en el trabajo, que realmente está pesándome muchísimo». Luego, vea qué sucede. Si no obtiene de su cónyuge la respuesta que le gustaría, está bien.

Nos pasa a todos. Olvídelo, por el momento. No permita que eso lo apague. Hay grandes posibilidades de que si usted busca una respuesta específica, se sentirá dolido en algunas ocasiones. Es parte del proceso. El doctor en psiquiatría y autor, Scott Peck, dijo: «No podemos sanar sin estar dispuestos a ser heridos».

Peck también dijo: «Si algo nos enseñó Jesús es que el camino de la salvación se extiende a través de la vulnerabilidad»[2]. Así que corra el riesgo de abrirse a su cónyuge. Hágale conocer lo que pueda. El efecto de la vulnerabilidad en un cónyuge casi siempre es encantador. La vulnerabilidad engendra vulnerabilidad. Y es este intercambio lo que construye el puente sobre las aguas turbulentas de la falta de diálogo.

6. Busque la sanidad por medio de la ayuda profesional

Por último, si usted está atrincherado en un surco profundo de falta de diálogo, es probable que esté bastante herido. Puede que esas heridas no tengan absolutamente nada que ver con su cónyuge. Nunca olvidaremos cuando hablamos frente a cientos de marinos casados que acababan de regresar de la guerra en Irak. Habían estado lejos de sus esposas durante muchos meses. Y créanos cuando decimos que este grupo había tenido más personas que no hablaban de lo que le correspondía. Pero estos cónyuges silenciosos no cerraban la boca por causa de sus compañeras; era por la experiencia infernal que acababan de soportar.

Bueno, no es necesario ir a la guerra para sufrir heridas. Usted pudo haber crecido en un hogar que le originó una enorme cantidad de dolor emocional o físico. Pudo haber sufrido un giro desgarrador en su profesión. Puede estar quemado por una relación previa. Cualquiera sea el origen de su autoestima fragmentada, si lleva a todas partes un dolor que interfiere con su relación, le rogamos que busque la ayuda de un consejero competente. Pregúnteles a otros profesionales de asistencia si conocen un buen referente. Los médicos, los ministros, las enfermeras y los maestros suelen aconsejar referentes excelentes. Otras fuentes de información pueden ser los hospitales, las asociaciones de servicios comunitarios, los servicios de derivación y las organizaciones locales de profesionales. Este último paso puede ser lo más importante que haga por usted mismo y por su relación.

Agradecimientos

Nuestro sincero agradecimiento...

A Halie Simonds, David Kinney, Darin Ault, Ryan Farmer, Michael Smalley, Sealy Yates, Sandy Vander Zicht, Lori Vanden Bosch, Greg Clouse, Betsy Fata, Andrea Pancoast, Amanda Halash, Emma Hintzen, Tom Dean, Keith Finnegan, Jennifer VerHage, Robin Barnett, Sandy Bradley y David Morris.

Notas

CAPÍTULO 1: ¿PODEMOS HABLAR?

1. Por cierto, nos sentíamos motivados buscando las claves para una comunicación más profunda y perdurable, tanto desde la perspectiva profesional como desde la personal. Las estadísticas revelan que cuando a las parejas divorciadas se les pregunta por la causa de su separación, el 5% dice que se debió al maltrato físico, el 16% al abuso de drogas o de alcohol, y el 17% debido al adulterio. La causa arrolladora de divorcio informada por los que lo atravesaron fue la «incompatibilidad» (el no poder llevarse bien cuando estaban juntos). Según lo expresa uno de los informes: «Establecido de distintas maneras, tres quintas partes de los matrimonios fracasaron a causa de la mala comunicación o por la falta de capacidad para resolver conflictos» (M. McManus, «How to Create an America That Saves Marriages» [Cómo crear una América que salve matrimonios], *Journal of Psychology and Theology* 31 [2003]: 203). Razón suficiente para que cualquier consejero matrimonial quiera entender minuciosamente la formación en la comunicación para parejas.

CAPÍTULO 2: EL ELEMENTO VITAL DE LAS RELACIONES

1. B. J. Fowers, «Psychology and the Good Marriage: Social Theory as Practice» [La psicología y el buen matrimonio: Teoría social como práctica], *American Behavioral Scientist* 41 (1998): 516–26.
2. R. M. Sabatelli, R. Buck y A. Dreyer, «Nonverbal Communication Accuracy in Married Couples» [Precisión de la comunicación no verbal en parejas casadas], *Journal of Personality and Social Psychology* 43, n.° 5 (1982): 1088–97.
3. 1 Corintios 13:1.

CAPÍTULO 3: LA COMUNICACIÓN 101

1. Ver, por ejemplo, Job 19:2–3.

CAPÍTULO 4: LA BASE DE TODA GRAN CONVERSACIÓN

1. J. Scott Armstrong, «Bafflegab Pays» [Bafflegab paga], *Psychology Today* (mayo de 1980), 12.
2. Ver W. M. Marston, *Emotions of Normal People* [Las emociones de la gente normal] (1928; reimpresión, Mineápolis: Persona Press, 1979); W. Clark, *The Activity Vector Analysis: Basic Theory, Administration, and Application of Activity*

Vector Analysis [Análisis del vector actividad: Teoría básica, administración, y aplicación del análisis del vector actividad] (Barrington, RI: Walter V. Clarke Associates, 1967); B. J. Bonnstetter, J. Suiter y R. J. Widrick, *DISC: A Reference Manual* [DISC: Un manual de referencia] (Scottsdale, AZ: Target Training International, 1993); B. J. Bonnstetter, J. Suiter y R. J. Widrick, *The Universal Language: DISC* [El lenguaje universal: DISC] (Scottsdale, AZ: Target Training International, 2001); M. O'Connor, *The DISC Model, Trainer and Consultant Reference Encyclopedia* [La enciclopedia de referencia de modelo, asesor y consultor DISC] (Nueva York: Life Associates, 1987); C. G. Jung, Gerhard Adler, R. F. C. Hull, *Psychological Types*, «*Collected Works of C. G. Jung*», vol. 6 [Tipos psicológicos: Obras completas de C. G. Jung, vol. 6] (Princeton, NJ: Princeton University Press, 1971); J. Trent, R. A. Cox y E. S. Tooker, *Leading from Your Strengths* [Liderando desde sus fortalezas] (Nashville: Broadman & Holman, 2004).
3. Nota de recuadro en *U.S. News & World Report* (20 de enero, 1989).
4. M. Raphael, «It's True: Drivers Move Slowly If You Want Their Space», *Raleigh News and Observer* (13 de mayo, 1997), 1A.
5. «What's Inside a Real-Life Panic Room?» [¿Qué hay adentro de una habitación del pánico de la vida real?] *ABCnews.com* (2 de abril, 2004).

CAPÍTULO 6: ¿CÓMO INFLUYE EN EL OTRO?

1. Wesley Britton, «Mark Twain: "Cradle Skeptic"» [Mark Twain: «Cuna escéptica»], *www.yorku.ca* (2 de abril, 2004).
2. Susan K. Harris, «The Courtship of Olivia Langdon and Mark Twain» [El cortejo de Olivia Langdon y Mark Twain], *Cambridge Studies in American Literature and Culture* (Cambridge, UK: Cambridge University Press, 1996), xiii.

CAPÍTULO 7: ¿CÓMO REACCIONA ANTE EL CAMBIO?

1. Hans Finzel, *Change Is Like a Slinky: 30 Strategies for Promoting and Surviving Change in Your Organization* [30 Estrategias para promover y sobrevivir al cambio en su organización] (Chicago: Northfield, 2004).

CAPÍTULO 8: ¿CÓMO TOMA LAS DECISIONES?

1. C. Yeager, *Chuck Yeager* (Nueva York: Bantam, 1985).

CAPÍTULO 9: HABLAR EN LA CUERDA FLOJA

1. John Gottman, «Welcome to the Love Lab» [Bienvenido al laboratorio del amor], *Psychology Today* (Septiembre 2000), 42–48.
2. Para un resumen sobre el valor de la empatía en cada uno de estos campos, ver: D. Goleman, *Emotional Intelligence* (Nueva York: Bantam, 1995). Publicado en español como *Inteligencia emocional*; y H. Weisinger, *Emotional Intelligence at Work* (Francisco: Jossey-Bass, 1998). Publicado en español como *La inteligencia emocional en el trabajo*.

3. B. Azar, «Defining the Trait That Makes Us Human» [Definiendo el rasgo que nos hace humanos], *APA Monitor* 28 (1997): 1.

CAPÍTULO 10: LOS HOMBRES ANALIZAN, LAS MUJERES COMPRENDEN

1. D. Tannen, ed., *Framing in Discourse* [Enmarcar en el discurso] (Oxford y Nueva York: Oxford University Press, 1993), 358.
2. C. Hall y J. Mosemak, «USA Snapshots» [Fotos de Estados Unidos], *USA Today* (30 de abril, 1997), A1.
3. Referido en Barbara y Allan Pease, *Why Men Don't Listen and Women Can't Read Maps* [Por qué los hombres no escuchan y las mujeres no pueden leer mapas] (Nueva York: Welcome Rain Publishers, 2000).
4. Robert Bly, citado en Gloria Bird y Michael Sporakowski, *Taking Sides: Clashing Views on Controversial Issues in Family and Personal Relationships* [Tomando partidos: Opiniones enfrentadas en temas polémicos en las relaciones familiares y personales], 3a ed. (Guilford, CT: William C. Brown Publishers, 1996).
5. R. J. Watson y Peter T. Klassen, *Style Insights DISC Instrument Validation Manual* [Manual de validación de instrumentos de percepción de estilos DISC] (Scottsdale, AZ: Target Training International, 2004).
6. L. R. Brody y J. A. Hall, «Gender and Emotion», en Michael Lewis y Jeannette M. Haviland-Jones, eds., *Handbook of Emotions* [Manual de emociones] (Nueva York: Guilford Press, 1993).
7. Ibíd.
8. D. Tannen, *You Just Don't Understand* (Nueva York: Ballantine, 1991). Publicado en español como *Tú no me entiendes.*
9. C. Gilligan, *In a Different Voice: Psychological Theory and Women's Development* (Cambridge, MA: Harvard University Press, 1982). Publicado en español como *La moral y la teoría. Psicología del desarrollo femenino.*

CAPÍTULO 11: ESCUCHAR CON EL TERCER OÍDO

1. E. Foulke, «Listening Comprehension as a Function of Word Rate» [Comprensión auditiva como una función de la velocidad de las palabras], *Journal of Communication* 18 (1968): 198.
2. N. L. Van Pelt, *How to Talk So Your Mate Will Listen and Listen So Your Mate Will Talk* [Cómo hablar para que su pareja escuche y cómo escuchar para que su pareja hable] (Grand Rapids: Revell, 1989).
3. V. P. Richmond, J. C. McCroskey y K. D. Roach, «Communication and Decision-Making Styles, Power Base Usage, and Satisfaction in Marital Dyads» [Estilos de comunicación y toma de decisiones, uso de la base de poder, y satisfacción en las parejas matrimoniales], *Communication Quarterly* 4 (1997): 410–17.
4. E. Stotland, *Empathy, Fantasy and Helping* [Empatía, fantasía y ayuda], «Sage Library of Social Research», vol. 65 (Londres: Sage, 1978), 179.
5. Deborah Tannen usa este ejemplo en su provechoso libro*: I Only Say This*

Because I Love You (Nueva York: Random House, 2001), 8. Publicado en español como *¡Lo digo por tu bien!*.
6. M. Purdy y D. Borisoff, eds., *Listening in Everyday Life* [Escuchar en la vida diaria] (Nueva York: University of America Press, 1996).
7. Paul Tournier, *To Understand Each Other* (Atlanta: John Knox Press, 1967), 29. Publicado en español como *La armonía conyugal*.

CAPÍTULO 13: HABLEMOS EL IDIOMA DEL AMOR

1. En Corea era costumbre que los hijos se casaran, pero que permanecieran viviendo con sus padres hasta que fueran mayores; esta costumbre contribuyó a que la duración de este matrimonio fuera extremadamente larga.
2. D. E. Conroy y J. N. Metzler: «Patterns of Self-Talk Associated with Different Forms of Competitive Anxiety» [Patrones de diálogo interno asociados con diferentes formas de ansiedad competitiva], *Journal of Sport and Exercise Psychology* 26 (2003): 69–87.
3. S. Helmstetter, *What to Say When You Talk to Yourself* [Qué decir cuando hablas contigo mismo] (Nueva York: Fine Communications, 1997).
4. Gran parte de lo que pensamos sobre el monólogo interior fue determinado por la investigación que condujo Les con el doctor Neil Clark Warren en su libro *Love the Life You Live* (Carol Stream, IL: Tyndale, 2003), y se encuentra en el capítulo bajo el título «Tuning In to Your Self-Talk». Publicado en español como *Disfrute la vida que vive*.
5. B. H. Levine, *Your Body Believes Every Word You Say: The Language of the Body/Mind Connection* [Tu cuerpo cree cada palabra que dices: el lenguaje de la conexión del cuerpo y la mente] (Boulder Creek, CA: Aslan, 1991).
6. S. Blakeslee, «Tracing the Brain's Pathways for Linking Emotion and Reason» [Rastreando las vías del cerebro para vincular la emoción y la razón], *New York Times* (6 de diciembre, 1994), B1.
7. C. P. Neck y C. C. Manz, «Thought Self-Leadership: The Influence of Self-Talk and Mental Imagery on Performance» [Autoliderazgo del pensamiento: La influencia del diálogo interno y las imágenes mentales en el rendimiento], *Journal of Organizational Behavior* 13 (1992): 681–99.
8. L. Ievleva y T. Orlick, «Mental Links to Enhanced Healing: An Exploratory Study» [Vínculos mentales para una sanación mejorada: Un estudio exploratorio], *The Sport Psychologist* 5 (1991): 25–40.

APÉNDICE: UNA AYUDA PRÁCTICA PARA EL CÓNYUGE SILENCIOSO

1. C. Flora, «The Blirtacious Wives Club» [El club de las esposas Blirtacious], *Psychology Today* (marzo del 2004), 22.
2. M. Scott Peck, *The Road Less Traveled* (1978; reimpresión, Nueva York: Simon & Schuster, 2002). Publicado en español como *El camino menos transitado*.

Acerca de los autores

Los doctores Les y Leslie Parrott encabezan la lista de autores más vendidos del *New York Times*. Sus libros más vendidos incluyen el premiado *Asegure el éxito en su matrimonio antes de casarse*. Han participado en programas de TV en CNN, *The Today Show*, *Good Morning America*, *The View*, y en *Oprah*. Viven con sus dos hijos en Seattle. Visite TyndaleEspanol.com.